海上絲綢之路基本文獻叢書

光緒通商綜覈表
中外交涉類要表

〔清〕錢學嘉 撰

文物出版社

圖書在版編目（CIP）數據

光緒通商綜覈表·中外交涉類要表 /（清）錢學嘉撰
. -- 北京 : 文物出版社，2022.6
（海上絲綢之路基本文獻叢書）
ISBN 978-7-5010-7543-0

Ⅰ. ①光… Ⅱ. ①錢… Ⅲ. ①對外貿易－中國－清代
②中外關係－國際關係史－清代 Ⅳ. ①F752.952
② D829

中國版本圖書館 CIP 數據核字（2022）第 066528 號

海上絲綢之路基本文獻叢書

光緒通商綜覈表·中外交涉類要表

著　　者：〔清〕錢學嘉
策　　划：盛世博閱（北京）文化有限責任公司

封面設計：鞏榮彪
責任編輯：劉永海
責任印製：張　麗

出版發行：文物出版社
社　　址：北京市東城區東直門内北小街 2 號樓
郵　　編：100007
網　　址：http://www.wenwu.com
郵　　箱：web@wenwu.com
經　　銷：新華書店
印　　刷：北京旺都印務有限公司
開　　本：787mm×1092mm　1/16
印　　張：14.25
版　　次：2022 年 6 月第 1 版
印　　次：2022 年 6 月第 1 次印刷
書　　號：ISBN 978-7-5010-7543-0
定　　價：98.00 圓

總緒

海上絲綢之路，一般意義上是指從秦漢至鴉片戰争前中國與世界進行政治、經濟、文化交流的海上通道，主要分爲經由黄海、東海的海路最終抵達日本列島及朝鮮半島的東海航綫和以徐聞、合浦、廣州、泉州爲起點通往東南亞及印度洋地區的南海航綫。

在中國古代文獻中，最早、最詳細記載『海上絲綢之路』航綫的是東漢班固的《漢書・地理志》，詳細記載了西漢黄門譯長率領應募者入海『齎黄金雜繒而往』之事，書中所出現的地理記載與東南亞地區相關，并與實際的地理狀况基本相符。

東漢後，中國進入魏晋南北朝長達三百多年的分裂割據時期，絲路上的交往也走向低谷。這一時期的絲路交往，以法顯的西行最爲著名。法顯作爲從陸路西行到印度，再由海路回國的第一人，根據親身經歷所寫的《佛國記》（又稱《法顯傳》）一書，詳細介紹了古代中亞和印度、巴基斯坦、斯里蘭卡等地的歷史及風土人情，是瞭解和研究海陸絲綢之路的珍貴歷史資料。

隨着隋唐的統一，中國經濟重心的南移，中國與西方交通以海路爲主，海上絲綢之路進入大發展時期。廣州成爲唐朝最大的海外貿易中心，朝廷設立市舶司，專門管理海外貿易。唐代著名的地理學家賈耽（七三〇～八〇五年）的《皇華四達記》記載了從廣州通往阿拉伯地區的海上交通『廣州通夷道』，詳述了從廣州港出發，經越南、馬來半島、蘇門答臘半島至印度、錫蘭，直至波斯灣沿岸各國的航綫及沿途地區的方位、名稱、島礁、山川、民俗等。譯經大師義净西行求法，將沿途見聞寫成著作《大唐西域求法高僧傳》，詳細記載了海上絲綢之路的發展變化，是我們瞭解絲綢之路不可多得的第一手資料。

宋代的造船技術和航海技術顯著提高，指南針廣泛應用於航海，中國商船的遠航能力大大提升。北宋徐兢的《宣和奉使高麗圖經》詳細記述了船舶製造、海洋地理和往來航綫，是研究宋代海外交通史、中朝友好關係史、中朝經濟文化交流史的重要文獻。南宋趙汝適《諸蕃志》記載，南海有五十三個國家和地區與南宋通商貿易，形成了通往日本、高麗、東南亞、印度、波斯、阿拉伯等地的『海上絲綢之路』。宋代爲了加强商貿往來，於北宋神宗元豐三年（一〇八〇年）頒佈了中國歷史上第一部海洋貿易管理條例《廣州市舶條法》，并稱爲宋代貿易管理的制度範本。

元朝在經濟上採用重商主義政策，鼓勵海外貿易，中國與歐洲的聯繫與交往非常頻繁，其中馬可·波羅、伊本·白圖泰等歐洲旅行家來到中國，留下了大量的旅行記，記録元代海上絲綢之路的盛况。元代的汪大淵兩次出海，撰寫出《島夷志略》一書，記録了二百多個國名和地名，其中不少首次見於中國著録，涉及的地理範圍東至菲律賓群島，西至非洲。這些都反映了元朝時中西經濟文化交流的豐富内容。

明、清政府先後多次實施海禁政策，海上絲綢之路的貿易逐漸衰落。但是從明永樂三年至明宣德八年的二十八年裏，鄭和率船隊七下西洋，先後到達的國家多達三十多個，在進行經貿交流的同時，也極大地促進了中外文化的交流，這些都詳見於《西洋蕃國志》《星槎勝覽》《瀛涯勝覽》等典籍中。

關於海上絲綢之路的文獻記述，除上述官員、學者、求法或傳教高僧以及旅行者的著作外，自《漢書》之後，歷代正史大都列有《地理志》《四夷傳》《西域傳》《外國傳》《蠻夷傳》《屬國傳》等篇章，加上唐宋以來衆多的典制類文獻、地方史志文獻，集中反映了歷代王朝對於周邊部族、政權以及西方世界的認識，都是關於海上絲綢之路的原始史料性文獻。

海上絲綢之路概念的形成，經歷了一個演變的過程。十九世紀七十年代德國地理學家費迪南·馮·李希霍芬（Ferdinad Von Richthofen，一八三三～一九〇五），在其《中國：親身旅行和研究成果》第三卷中首次把輸出中國絲綢的東西陸路稱爲『絲綢之路』。有『歐洲漢學泰斗』之稱的法國漢學家沙畹（Édouard Chavannes，一八六五～一九一八），在其一九〇三年著作的《西突厥史料》中提出『絲路有海陸兩道』，蘊涵了海上絲綢之路最初提法。迄今發現最早正式提出『海上絲綢之路』一詞的是日本考古學家三杉隆敏，他在一九六七年出版《中國瓷器之旅：探索海上的絲綢之路》中首次使用『海上絲綢之路』一詞；一九七九年三杉隆敏又出版了《海上絲綢之路》一書，其立意和出發點局限在東西方之間的陶瓷貿易與交流史。

二十世紀八十年代以來，在海外交通史研究中，『海上絲綢之路』一詞逐漸成爲中外學術界廣泛接受的概念。根據姚楠等人研究，饒宗頤先生是華人中最早提出『海上絲綢之路』的人，他的《海道之絲路與昆侖舶》正式提出『海上絲路』的稱謂。選堂先生評價海上絲綢之路是外交、貿易和文化交流作用的通道。此後，大陸學者馮蔚然在一九七八年編寫的《航運史話》中，使用『海上絲綢之路』一詞，這是迄今學界查到的中國大陸最早使用『海上絲綢之路』的人，更多地限於航海活動領域的考察。一九八〇年北京大學陳炎教授提出『海上絲綢之路』研究，并於一九八一年發表《略論海上絲綢之路》一文。他對海上絲綢之路的理解超越以往，且帶有濃厚的愛國主義思想。陳炎教授之後，從事研究海上絲綢之路的學者越來越多，尤其沿海港口城市向聯合國申請海上絲綢之路非物質文化遺産活動，將海上絲綢之路研究推向新高潮。另外，國家把建設『絲綢之路經濟帶』和『二十一世紀海上絲綢之路』作爲對外發展方針，將這一學術課題提升爲國家願景的高度，使海上絲綢之路形成超越學術進入政經層面的熱潮。

與海上絲綢之路學的萬千氣象相對應，海上絲綢之路文獻的整理工作仍顯滯後，遠遠跟不上突飛猛進的研究進展。二〇一八年厦門大學、中山大學等單位聯合發起『海上絲綢之路文獻集成』專案，尚在醞釀當中。我們不揣淺陋，深入調查，廣泛搜集，將有關海上絲綢之路的原始史料文獻和研究文獻，分爲風俗物産、雜史筆記、海防海事、典章檔案等六個類别，彙編成《海上絲綢之路歷史文化叢書》，於二〇二〇年影印出版。此輯面市以來，深受各大圖書館及相關研究者好評。爲讓更多的讀者親近古籍文獻，我們遴選出前編中的菁華，彙編成《海上絲綢之路基本文獻叢書》，以單行本影印出版，以饗讀者，以期爲讀者展現出一幅幅中外經濟文化交流的精美畫卷，爲海上絲綢之路的研究提供歷史借鑒，爲『二十一世紀海上絲綢之路』倡議構想的實踐做好歷史的詮釋和注脚，從而達到『以史爲鑒』『古爲今用』的目的。

凡例

一、本編注重史料的珍稀性，從《海上絲綢之路歷史文化叢書》中遴選出菁華，擬出版百册單行本。

二、本編所選之文獻，其編纂的年代下限至一九四九年。

三、本編排序無嚴格定式，所選之文獻篇幅以二百餘頁爲宜，以便讀者閱讀使用。

四、本編所選文獻，每種前皆注明版本、著者。

五、本編文獻皆爲影印，原始文本掃描之後經過修復處理，仍存原式，少數文獻由於原始底本欠佳，略有模糊之處，不影響閱讀使用。

六、本編原始底本非一時一地之出版物，原書裝幀、開本多有不同，本書彙編之後，統一爲十六開右翻本。

目録

光緒通商綜覈表

光緒通商綜覈表

一卷

〔清〕錢學嘉　撰

清光緒二十年刻本

洋關稅鈔歲入表

會典載戶工各關歲額二百餘萬兩征溢額者曰盈餘著於籍重視常額都不逾五百萬兩自通商立約以來刱爲關以榷洋稅遞增至千五百餘萬兩雖常稅暗虧而贏猶逾倍征榷之盛伊古蔑有溯自道光壬寅定値百抽五之稅咸豐戊午量減貨價漸殺之稅而立則焉維時西國政令旣未聞於上國而洋使恣睢又不受我範圍凡所爲裒益而更定之者姑徇彼請無暇研求抑知西國征商之例恆重進輕出遏人殖己意至深也又或察其緩急利害以時其輕重之宜英國於印度茶進口免稅所以敵華茶也於糧食進口免稅所以儲民食也重稅煙酒進口以非民間不可少之物也重稅鴉片出口以爲中國不可少之物也大約進口以百取

二十四十爲恆間有　中國自戊午以後無大變易土煤茶末出
百取百及百外者　口減稅鐘表
海茶進口減稅皆便益洋商湖進口稅則本輕核厥價值未遠
絲洋藥戊辰約議加稅惜未行
百五出口貨價日貶不加稅而稅已暗增乙亥土貨價六千八
百九十萬見第五表征稅五百六十四萬倍本表復進口半稅以減本表出口正稅餘數即土
貨出洋淨稅是百而取八辛巳土貨價七千一百餘萬征稅六百八
十七萬是百而取九輕重殊科益利彼族夫日本援西例以榷
洋商彼無詞也中國馴擾遠人
聖恩寬大未予加科竊謂法與時爲變通疇昔海船尙希不妨
輕稅額以示國體今則利趨於外正宜參取西例重進口而輕
出口顧百五之例載在　約章驟議增加夫豈易事然公法自主

之國皆得損益稅則保護利權商於其國者不能阻也則轉移補救事在人爲馬貴與所謂取之於豪彊商賈以助國家之經費者其亦商政之鈐鍵也歟表洋關稅鈔歲入第一

洋貨進口按則稅之則所不載百稅其五爲進口正稅土貨出口亦按則稅之則所不載百稅其五爲出口正稅土貨旣納稅出口矣復進他口後進之口半前出之口而稅之爲復進口半稅輪船帆船差其小大四閱月而一稅爲船鈔容積百五十頓以上頓納四錢百五十頓以下頓納一錢凡五十立方英尺爲一頓運洋貨入內地欲免釐金則請稅單於自發之關運土貨出內地欲免釐金先請報單於將出之關二者均半正稅而稅焉爲內地半稅五者歲

入之大凡也其洋貨既納稅進口矣不售運而他之在三十六月外者重稅之爲復進口正稅不恆有故不列關冊以西國一年爲始訖今表遵時憲則所列諸數不免小差然正無幾別表中西起止月日附後備攷

關冊十三年歲入總數併洋藥釐金計故獨贏今析四百六十四萬五千八百四十二兩別爲表而總數乃符前例尙有九龍拱北二關代徵粵省百貨釐金十七萬四千餘未除

洋關稅鈔歲入表

綜一

	進口正稅	出口正稅	復進口半稅	船鈔	內地半稅	五項總數
光緒元年	三百九十萬四千四百三十九兩	六百九十三萬一千九百八十四兩	六十四萬五千九百六十一兩	二十三萬六千六百九十四兩	二十四萬九千三十一兩	一千一百九十六萬八千一百九兩
二年	四百六萬三千五百八十二兩	六百九十九萬五千五百六十九兩	六十一萬一千四百三十兩	二十三萬四千三百十四兩	二十四萬八千二十六兩	一千二百十五萬二千九百二十一兩
三年	四百十七萬五千七十五兩	六百八十四萬三千七百六十三兩	五十七萬二百二十一兩	二十二萬四千三十四兩	二十五萬三千九百八十五兩	一千二百六萬七千七十八兩

年						
四年	四百十八萬八千九十二兩	七百十萬九千六百三兩	六十五萬三千五十九兩	二十六萬一百三十一兩	二十七萬三千一百三兩	一千二百四十八萬三千九百八十八兩
五年	四百八十四萬二千五百二十四兩	七百三十八萬五千七十兩	七十一萬三千四百四十七兩	二十四萬七千八百三十三兩	三十四萬二千七百九十六兩	一千三百五十三萬一千六百七十兩
六年	四百六十一萬七千七百七十三兩	八百二十六萬八千六百八十二兩	七十八萬六千一百九十六兩	二十四萬九千五百九十一兩	三十三萬六千三百四十一兩	一千四百二十五萬八千五百八十三兩
七年	五百萬二千十一兩	八百三十二萬九千六百六十八兩	七十三萬九十一兩	二十七萬三千五百七十四兩	三十四萬九千八百十八兩	一千四百六十八萬五千一百六十二兩

八年	九年	十年	十一年
四百六十八萬四千七兩	四百四十萬一千四百十兩	四百三十七萬五千三百七十二兩	五百七萬二千七百七十兩
八百六十萬八千四百三十五兩	七百五十五萬四千三百七兩	七百七十八萬八百十六兩	七百八十九萬八千九百兩
七十四萬七十八兩	六十九萬七千四百八十五兩	七十四萬五千五百四十八兩	八十萬二千一百四十五兩
二十七萬九千七百九十九兩	二十八萬四千四十四兩	二十七萬九百十四兩	二十九萬八千九百九兩
三十一萬三千三百五十三兩	三十四萬九千五百十一兩	三十三萬八千六十二兩	四十萬四十二兩
一千四百八萬五千六百七十二兩	一千三百二十八萬六千七百五十七兩	一千三百五十一萬七百十二兩	一千四百四十七萬二千七百六十六兩

十二年	五百一萬八千一百五十六兩	八百六十萬二千八百七十五兩	七十八萬四千一兩	三十三萬三千三百四十七兩	四十萬六千二百九十九兩	一千五百十四萬四千六百七十八兩
十三年	五百七十萬四百六十二兩	八百五十一萬九十八兩	九十三萬五千七百七十二兩	三十一萬六千四百四十三兩	四十三萬二千七百八十二兩	一千五百八十九萬五千五百五十七兩

各關稅鈔分列表

自中西互市以來凡設關榷稅之地濱海者十有三越海者二濱江者五都二十有一皆以西人司稅務而四川之重慶陸路甘肅之肅州直隸之張家口雲南之大理蒙自廣西之龍州或通市未久或議行未成或不設稅司由官征稅均不在此數輪帆絡繹闤闠喧闐其庶物殷賑之區藉是以獲轉輸之利者我之益也而殊方異物日新月異足以遷我賄者又我之害也縱觀各關九龍拱北意在專稽洋藥不具論其他粤海居於衝江海滙厥總江漢閩海茶所自出故稅數甲諸關之右宜昌蕪湖甌海北海設關稍後始征之歲或不及千其繼也或逾十萬夫

豈盡物産豐盈出口倍蓰而有是稅耶抑亦嗜好漸開進口夥頤而有是稅耶攷近年關稅且增至千五百餘萬（併本表各關數即第一表總數其稍不符者積奇零數而致差也）而民財不阜者豈無故哉西人遇事要求增索市埠益於彼必損於我溢於外必耗諸內不待智者而決也然而閉關絕市斷不能行於今時則惟有因我固有之利而擴之規彼竊攘之利而杜之聯官民之心以推究商務賈山曰民有餘力則君有餘財其言可深長思耳表各關稅鈔分列第二

關冊云九龍坿近香港拱北坿近澳門凡土船由香澳入內地運洋藥均按通商稅則釐稅併征若運百貨赴不通商口

岸按常關則例抽稅其赴通商口岸者統歸該口常關征稅若土船運土貨赴香澳查無原出口關照則按常關則例補稅至應完釐金貨物無論出入內地概照粵省釐金則例照完　九龍進口釐八萬八千一百九十七兩奇出口釐三萬九千四百七十五兩奇拱北進口釐二萬九千五百五兩奇出口釐一萬六千四百五十五兩奇應於二關數內除出又二關無復進口半稅無船鈔

十三年關冊於各關入數皆併洋藥釐金計今析出別爲表合二表計仍符關冊

各關稅鈔分列表

綜二

各關	即貿易總冊之	光緒元年
山海關	牛莊	二十三萬九千四百六十六兩奇
津海關	天津	三十一萬八千七十四兩奇
東海關	之罘	三十萬四千三十六兩奇
宜昌關	宜昌	
江漢關	漢口	一百六十萬五千四百八十六兩奇
九江關	九江	六十六萬三千九百八十二兩奇
蕪湖關	蕪湖	
鎮江關	鎮江	十五萬三千三十六兩奇
江海關	上海	三百三十七萬二百十六兩奇
浙海關	寧波	七十三萬二千四百三兩奇
甌海關	溫州	
閩海關	福州	一百九十七萬八千一百十二兩奇
淡水關	淡水	十五萬二千九百九兩奇
臺灣關	打狗	十二萬四千二十一兩奇
廈門關	廈門	五十九萬五百八十四兩奇
潮海關	汕頭	七十四萬四千七百六十九兩奇
粵海關	廣州	九十九萬一千七兩奇
九龍關	九龍	
拱北關	拱北	
瓊海關	瓊州	
北海關	北海	

二年	三年
二十五萬七千二百二十一兩奇	二十三萬七千二百六十九兩奇
三十二萬二千五百兩奇	三十二萬二千六百八十四兩奇
二十三萬四千五百三十四兩奇	二十一萬五千五十六兩奇
	三百七十五兩奇
一百八十萬一千三百三十五兩奇	一百六十九萬四百三十四兩奇
六十九萬四千七百四十七兩奇	六十八萬九千一百二十五兩奇
	二萬一千九百十八兩奇
十四萬九千八百六十六兩奇	十二萬三千三百八十一兩奇
三百四十六萬五千四百九十六兩奇	三百二十六萬九千九百十九兩奇
七十一萬九千五百九十兩奇	七十二萬二千三百兩奇
	三千一百五十八兩奇
一百六十九萬四千五百三十六兩奇	一百八十二萬一千六百三十兩奇
二十萬七千三百兩奇	二十三萬五千五百四兩奇
十六萬七千九百四十四兩奇	十五萬三百八十一兩奇
五十七萬三千八百七十二兩奇	七十一萬二千四百四十五兩奇
八十四萬二千九百六十二兩奇	七十八萬二千九百三十四兩奇
九十七萬七千七百十一兩奇	二百萬四千七百六兩奇
四萬三千五百七十三兩奇	六萬三千一百五十兩奇
	六百九十八兩奇

四年	五年
三十五萬三千六百六十九兩奇	三十三萬三千七百三十三兩奇
三十一萬七千七百兩奇	四十二萬三千六百七兩奇
三十一萬三千八百三十五兩奇	三十四萬一千三十兩奇
三千四百九十八兩奇	二萬七千七百五十一兩奇
一百五十四萬五千五百一兩奇	一百七十七萬四千二百五十七兩奇
七十五萬六千二百二兩奇	七十萬一千二百七十七兩奇
三萬一千四百二十一兩奇	三萬四千八百二十四兩奇
二十一萬二千一百六十三兩奇	十六萬二千兩奇
三百五十萬六百十兩奇	四百一萬八千一百二十八兩奇
五十九萬七千五百十四兩奇	六十五萬七千二百十五兩奇
二千九百三十九兩奇	六千八百十五兩奇
二百二萬九千五百九兩奇	一百九十六萬三千六百五十九兩奇
二十七萬二千二百六十六兩奇	二十八萬四千三百二兩奇
十三萬三千八百七十一兩奇	二十萬三千十五兩奇
六十三萬二千九百八十一兩奇	二十三萬九千七十五兩奇
七十四萬六百七十二兩	七十七萬九千三百二十六兩奇
九十八萬八千九百六十五兩奇	一百九萬三千一百四十四兩奇
六萬一千六百六十四兩奇	六[illegible]八[illegible]九百八十九兩奇
	[illegible][illegible]十四兩奇

六年	七年
三十萬四千二百十六兩奇	二十八萬六千二百七十三兩奇
三十八萬二千六百七十九兩奇	三十八萬二千五百四十兩奇
二十八萬八千一百四十六兩奇	二十七萬五千三百六十七兩奇
六萬八千六百二十七兩奇	四萬五千八百六十七兩奇
二百萬三千二百十七兩奇	二百四萬七千二百十八兩奇
七十六萬四千五百七十一兩奇	七十九萬四千二百五兩奇
五萬一千六百五十七兩奇	七萬八千五百二十九兩奇
二十三萬五千二百九十九兩奇	四十一萬五千八百六兩奇
四百二十二萬七百二十一兩奇	四百三十七萬三千九百四十兩奇
六十七萬七千三百九十九兩奇	七十六萬四千六百四十兩奇
一萬一千四百九十兩奇	一萬三千六百八十九兩奇
二百十六萬七千四百六十三兩奇	二百二萬二千九百三十四兩奇
三十萬五千一百三十二兩奇	三十二萬四百六十九兩奇
二十四萬九千二百九十三兩奇	二十一萬八千三百九十五兩奇
六十四萬八千一百九十六兩奇	七十八萬六千四百七十九兩奇
七十七萬五千四百四十九兩奇	六十四萬三千七百八十八兩奇
九十三萬六千七百八十二兩奇	一百五萬五百八十二兩奇
八萬三千六百九十二兩奇	八萬三千一百三十四兩奇
八萬四千五百四十五兩奇	八萬一千二百九十九兩奇

八年	九年
二十八萬四千二百三十一兩奇	二十九萬八千四百五十兩奇
三十八萬七千三百七十兩奇	三十八萬九百三十六兩奇
二十七萬七千五百五十三兩奇	二十七萬二千五百七十七兩奇
六萬三百四十六兩奇	十萬二百八十三兩奇
一百八十六萬六千五百七十三兩奇	一百八十三萬三千六百十五兩奇
八十一萬四千五百五十兩奇	七十七萬八千八百十七兩奇
九萬五千一百八十七兩奇	七萬八千四百四十七兩奇
二十八萬八千七百二十四兩奇	十六萬九千五百六十四兩奇
四百十八萬四千四百九十四兩奇	三百六十五萬一千一百二十兩奇
六十九萬一千七百四十一兩奇	六十四萬五千二百十四兩奇
一萬五千九百八十二兩奇	九千八十四兩奇
二百萬六千四百七十五兩奇	一百八十一萬二千九百四十一兩奇
二十八萬五千三百二十兩奇	二十九萬六千九百三十一兩奇
十八萬六千九百六十一兩奇	十九萬四千八百九十五兩奇
七十二萬八千三百十七兩奇	七十一萬九千七百三十一兩奇
六十七萬五千四十九兩奇	七十五萬三千九百八十一兩奇
一百十萬四千五百七十五兩奇	一百十三萬七千七十二兩奇
七萬五千一百八十四兩奇	九萬四千三百六十七兩奇
五萬七千二十九兩奇	[illegible]萬九千七百十六兩奇

十年	十一年
三十萬六千二百七兩奇	三十四萬一千六百四兩奇
三十八萬六千五百七十九兩奇	四十三萬一千二百三十二兩奇
二十七萬三千七百五十四兩奇	二十六萬七千三百九十六兩奇
八萬一千九百七十九兩奇	十一萬四千四百八兩奇
一百八十七萬三千四百三十一兩奇	一百八十四萬一千一百六十八兩奇
七十八萬七千六百七十二兩奇	八十二萬二千六百五十四兩奇
七萬一千六百七兩奇	五萬九百八十五兩奇
十六萬五千十六兩奇	十八萬四千二百九十六兩奇
三百六十六萬七千六百九十五兩奇	四百二十四萬二千六百兩奇
七十一萬四百六十八兩奇	七十四萬七千四百三十九兩奇
九千二百四十三兩奇	一萬二千九百七十二兩奇
一百八十二萬七千一百十五兩奇	一百九十九萬四百六十兩奇
二十九萬七千八百七十九兩奇	三十七萬二千七百二十兩奇
二十一萬二百十四兩奇	十五萬二千三百七十五兩奇
七十五萬八千六十四兩奇	七十七萬七千六百五兩奇
八十三萬三千二百八兩奇	七十九萬一千八百八十兩奇
一百五萬一千五十一兩奇	一百八萬九千四百八十四兩奇
十一萬六千五百七十九兩奇	十二萬八千九百二十五兩奇
八萬二千九百四十一兩奇	十一萬二千五百五十二兩奇

十二年	十三年
三十萬三千二百五兩奇	三十八萬七千九百二十六兩奇
四十四萬八百五十九兩奇	五十萬二千六百五十五兩奇
二十八萬五千四百八十兩奇	三十一萬九千六百二十三兩奇
十四萬五千五十七兩奇	十六萬八千五百五十兩奇
二百一萬八千一百七十四兩奇	一百九十八萬一千一百十七兩奇
八十三萬五千九百七十九兩奇	八十二萬九千九百八十四兩奇
二十五萬二千二百五十六兩奇	二十五萬七千九百六十兩奇
二十五萬四千七百二兩奇	三十七萬六千一百八十七兩奇
四百三十五萬四千一百九兩奇	四百三十七萬八千一百七十七兩奇
七十三萬八千八百八十八兩奇	五十九萬四千九百八十二兩奇
一萬四千八百八十四兩奇	一萬五千七百四十二兩奇
二百一萬八千四百九十一兩奇	一百八十八萬三千六百三十一兩奇
三十八萬二千一百五十六兩奇	四十萬三千二百四十二兩奇
十五萬四千八十八兩奇	十六萬九千五百六十七兩奇
六十七萬四千六兩奇	六十六萬七百八十八兩奇
八十萬七千五百七十七兩奇	八十八萬九千七百七十五兩奇
一百十九萬七千七百十二兩奇	一百四十二萬四千六百四十五兩奇
	二十五萬四千三百十三兩奇
	十萬五千一百七十八兩奇
十三萬二千六百四十兩奇	十一萬九千四百四兩奇
十三萬四千四百五兩奇	十七萬一千一百十三兩奇

帶征洋藥釐金表

粤寇竊發軍用增繁策時者挪榷百貨之釐以供兵食釐納於卡稅征於關意同事異並行不悖者也軍事既定卡未盡裁度支所繫非同苛斂而洋人顧竊竊焉議之彼豈敢干我國政哉徒冀輕減貨値以廣其運售之途耳光緒初年煙臺會議始允各口租界免征洋貨釐金於是有洋藥歸關釐稅並征之議先是歲戊辰我與英使阿禮國修約議定洋藥百斤稅進口五十兩視舊額增二十嗣彼中商會阻行輟未互換而各省之榷洋藥釐也又奸商蠹吏交相爲幻納釐之數恒不及納稅之半於是思釐稅並征以防之意取有百斤之稅即有百斤之釐無避

匿患也至十一年使臣始定議於倫敦十三年通商十九口咸奉新令百斤之藥稅三十兩釐八十兩都一百有十兩並征於關又以洋藥來華香港總滙也澳門岐路也之二地者久假於人非設關於坿近不足以清漏稅之源而遏其流設關後進口果增數見第十一表顧葡視澳門不啻英視香港挾以相要遂有大西洋換約之舉大西洋者葡萄芽國通稱也自前明入中國居澳門至我朝同治七年會議索回是地而畀以道路礮臺之資百萬金簡日使日斯巴尼亞瑪斯爲行人往議未成今者以設關之故特立條約允其永守澳門論事者較量得失未嘗不歎息於洋藥之爲禍烈也表帶征洋藥釐金第三

帶征洋藥釐金表

	光緒十三年
山海	一萬七千二百八十六兩奇
津海	十五萬二千六百四十七兩奇
東海	四萬四千九百二十三兩奇
宜昌	
江漢	八萬二千八百三十五兩奇
九江	二十二萬七千七百三十六兩奇
蕪湖	三十一萬一千二百三十四兩奇
鎮江	三十五萬六千九百二十三兩正
江海	九十五萬三千七百十兩奇
浙海	二十五萬三千九百三十九兩奇
甌海	五千二十四兩正
閩海	三十六萬七千四十二兩奇
淡水	十三萬一千二百八十一兩奇
臺灣	十六萬八千八兩奇
厦門	三十七萬八千四百二兩奇
潮海	三十六萬二千五百九十九兩奇
粵海	四十七萬九千九百八十七兩奇
九龍	十二萬一千八百十三兩奇
拱北	八萬二千五百七十九兩奇
瓊海	八萬八千五百十兩奇
北海	六萬四百五十四兩奇

內地半稅細數表

西人經國首重通商然各以口岸相酬答未有許他國人入內地貿易者中國通商之始曲意撫循未加阻止年來悔前計之失於日本立約始申禁入內地之令通商章程第十四條蓋必先去利益均沾之語而後餘事得以挽回修約得此良非易易日本於沿海貿易概歸自主見戊寅日美約第五條則內地可知中國於泰西各國既已許之於前豈能絕之於後原夫半稅之設萌芽於壬寅道光二十二年江甯約成議於戊午咸豐八年天津約刱行於辛酉咸豐十一年通商章程增定於丙子光緒二年煙臺會議條款運洋貨而入有稅單運土貨而出有報單二者征半稅免釐金稅既視釐為輕又無叠征之煩無候驗之苦所以優洋商者

至矣華商稅單允給於光緒之初報單則未之許而關冊無歲不收華民出入半稅或因獨利洋商不若兼利華商故便宜許之耶統觀洋商入內地英爲之魁美次之德法日日斯巴尼亞又次之俄則重在土貨之出若丹瑞和奧義諸國偶請數單非所注意安得修約時援日本約爭之俾華洋通市盡在指定口岸不得入內地與華民交易公法於江河之歸一國專轄不與鄰國分轄者其輪帆之利本國擅之非他國所能分則我國沿江海運載貨物等事亦可改歸自主以保我利權此與西國通例未嘗不合者也至若日本商人有內地稅單之請見光緒元年四年五年關冊紊背章程意存嘗試非司關者先當嚴絕而堅拒者哉彼司釐者藉口相侵以文其短蝕之罪與夫負販者賄屬洋人以行其

譸張之幻其有損於釐者猶害之小焉者也表內地半稅細數

第四

內地半稅細數表

綜四

光緒元年

各國商人	洋貨運入內地給發稅單張數	徵收半稅	土貨運出給發報單張數	徵收半稅
英	一萬二千五百十	十一萬一千二百九十七兩奇	二百三十四	一萬三千三百十八兩奇
美	一萬七百七十	三萬九千四百四十一兩奇	六十二	四千六百九十九兩奇
德	二千五百五十五	六千一百一兩奇	六十七	一千三百六十八兩奇
法	七百七十二	七百五十七兩奇	二十	二千五百四十五兩奇
荷			一	二十五兩奇
丹	十二	三十二兩奇		
日	七	二十九兩奇	十五	五百七十六兩奇
瑞挪				
俄	八	二十兩奇	二百九十九	四萬三千七十四兩奇
奧				
義				
日本	一	二兩奇		
華	七千四百五十	二萬五千二百九十九兩奇		二百二十七兩奇

年	國				
二年	英	二萬三千三百五十二	十萬六千六百九十六兩奇	二百七十六	一萬三千五百六十八兩奇
	美	一萬四千七百四十八	五萬五千二百三十一兩奇	二十一	五千三百六十七兩奇
	德	五百八十八	一千三百六十一兩奇	八十四	二千八百二十七兩奇
	法	七百一	九百五十三兩奇	六	三百十八兩奇
	荷			一	十五兩奇
	丹				
	日	三百九十九	二千一百十四兩奇	六十八	一千九百八兩奇
	瑞挪				
	俄	二十二	五十四兩奇	二百三十二	二萬九千七百五十一兩奇
	奧				
	義			二	四十一兩奇
	日本				
	華	七千九百六	三萬一千三十六兩奇		一千七百八十兩
三年	英	二萬八千九百十九	十二萬九千四百五十二兩奇	六百一	一萬九千七十兩奇
	美	八千五百十九	三萬一百七十二兩奇	二十六	六百十九兩奇
	德	一千一百三十二	二千六百十兩奇	四十	七百三十三兩奇
	法	一	十兩奇	八	七百十八兩奇
	荷				
	丹	二十三	四十五兩奇		
	日	四百六十九	一千五百二十八兩奇	一百十四	四千二十七兩奇

						四年												
暹羅	俄	奧	義	杲	華	英	美	德	法	荷	丹	日	暹羅	俄	奧	義	杲	華
	一				八千八百十九	三萬二千一百五	九百五百三十七	九百九十一	十九		一	七百三十九	一百六十二				六	九千二百九十七
	一兩奇				三萬五千三百八十三兩奇	十四萬八千四十兩奇	三萬八百六十二兩奇	二千二十二兩奇	三十八兩奇		四兩	二千七百八十兩奇	二百四十九兩奇				四錢餘	三萬六千九百九十八兩奇
	二百六十九	二				四百十八	三十	二十九	八			一百三十九		三百十	一			
	二萬七千八百三兩	二十七兩奇				九千八百四十三兩奇	六百八十四兩奇	五百四十三兩奇	一百十九兩奇			三千五百三十二兩奇		三萬五千五百三十二兩奇	十三兩奇			一千八百六十四兩奇

五年

國				
英	四萬五百八十四	十八萬三千三百九十二兩奇	三百四十八	九千四百二兩奇
美	八千六百二十一	四萬一百八十八兩奇	一百三	四千六百十六兩奇
德	一千一百五	三千三百二十一兩奇	九	一百八十五兩
法	六	七兩	四	三百四十四兩
荷				
丹	五	二十三兩奇		
日	一千五百九	四千三百三十五兩奇	二百二十三	四千一百三十六兩奇
瑞挪	四百五十二	七百二十兩奇		
俄			四百三十	五萬一千四百十兩奇
奧			二	二十七兩
義				
⿱日本	一	一兩奇		
華	一萬一千四十一	三萬九千一百四十九兩奇		一千五百三十三兩奇

六年

國				
英	三萬七千八百六十一	十六萬三千四百九十八兩奇	六百六十五	一萬六千四百八十一兩奇
美	一萬三百四十三	五萬五千六百四兩奇	三百十	一萬一千一百六十九兩奇
德	五百六十三	一千五百三十一兩奇	四十一	五百七十兩奇
法			二十三	九百二十兩奇
荷				
丹	三	二十一兩奇		
日	一千五百四十三	五千九十二兩奇	二百七十三	五千三百五十三兩奇

						七年												
瑞那	俄	奧	義	杲	華	英	美	德	法	荷	丹	日	瑞那	俄	奧	義	杲	華
一百三十六					一萬一千六十	三萬七千一百六十八	三萬八千九百九十二	一百四十三			一	二千八十七						一萬五千三百三十七
一百八十五兩奇					三萬七千五百三十七兩奇	十三萬八千四百三十一兩奇	十萬二百六十二兩奇	九百二十八兩奇			二兩奇	三千一百八十四兩奇						四萬二千九百二十七兩奇
	三百十五	五			二	七百四十五	四百一	三十	三十二			一百八十		二百六十三				
	三萬六千二百六十二兩奇	八十一兩			二千三十一兩奇	一萬四千六百二十一兩奇	一萬一千四百一兩奇	五百四十七兩奇	九百七十八兩奇			四千四百六十二兩奇		三萬一千六十五兩奇				一千五兩奇

八年													九年						
英	美	德	法	荷	丹	日	瑞挪	俄	奥	義	日本	華	英	美	德	法	荷	丹	日
四萬二百三十	三萬三千一百五十	一百六十八			九	四百二十六						一萬七千五百二十七	四萬四千九百五十七	三萬三千四百四十九	三千五百二十六	二十四			一千九十二
十二萬七千二百九十一兩奇	八萬八千六百二十七兩奇	五百六十五兩奇			三十兩奇	一千七百四十八兩奇						四萬六千一百七十九兩奇	十四萬五千八百八十八兩奇	九萬八千七百九十三兩奇	四千七百六十三兩奇	四十五兩奇			三千五百五十九兩奇
六百八十一	六百四十九	三十六	十九			一百九十		四十六					七百九十一	四百七十三	四十一	十一			二百四
一萬七千一百三十三兩奇	一萬七千八十二兩奇	五百七十三兩奇	六百五十一兩奇			五千九十八兩奇		六千一百二十兩奇				二百三十五兩奇	二萬一千五百三十八兩奇	一萬四千一百二十八兩奇	七百五十六兩奇	五百二十三兩奇			七千七百五十一兩奇

瑞挪	俄	奧	義	日本	華
	六				一萬九千四百九十七
	十三兩奇				四萬七千二百五十九兩奇
	二十一		八		
	三千五百七十二兩奇		八百八十五兩奇		二兩奇

十年

英	美	德	法	荷	丹	日	瑞挪	俄	奧	義	日本	華
四萬一千八十二	三萬五千八百三十四	一千四百九十				四千九百三十		三				二萬二千一百八十三
十二萬八千九十一兩奇	九萬七百二兩奇	一千七百八十五兩奇				五千五百三十一兩奇		七兩奇				四萬九千八百七兩奇
一千七十二	三百三	六十五	十三			二百三十八		十二				
二萬七千四百五十一兩奇	九千八百九十二兩奇	一千三百九兩奇	三百八十五兩奇			一萬一千二百十兩奇		一千七百五十四兩奇				一百三十二兩奇

年	國				
十一年	英	六萬二千八百九十四	十八萬一千六十七兩奇	一千一百五十八	二萬八千四百三十九兩
	美	三萬二千二百六十四	九萬三千五百四十三兩奇	四百八十九	一萬八千八百四十五兩奇
	德	三千四百五十六	二千五百七兩奇	八十九	二千七十四兩奇
	法				
	荷				
	丹				
	日	七千四百六十九	九千一百四十五兩奇	三百十六	一萬一百六十一兩奇
	瑞				
	俄				
	奧				
	義				
	昰				
	華	二萬五千六百八	五萬四千二百五十六兩奇		
十二年	英	七萬四千八十八	十八萬四千九百五十八兩奇	一千五百九十一	四萬三千七百八兩奇
	美	二萬五千六百七十三	六萬一百四十兩奇	三百五十二	一萬六千七百八十二兩奇
	德	四千八百五十八	二千六百二十四兩奇	二百五十五	一萬一千四十一兩奇
	法			十四	三百五兩
	荷				
	丹				
	日	七千二百八	八千二十三兩奇	三百七十九	一萬五百八十七兩奇

						十三年												
瑙	俄	奥	義	日本	華	英	美	德	法	荷	丹	日	瑙	俄	奥	義	日本	華
					二萬四千二十七	八萬六千六百四	二萬五百	二千三百九十三				四千九十五						五萬一千五百九十一
					六萬七千九百十八兩奇	二十一萬一千一百六十三兩	五萬二千九百七十九兩奇	七百七十三兩奇				三千七百七兩奇						八萬五千三百二十一兩奇
		二			四	一千八百十三	三百三十五	二百十一	三十		一	四百三十			十三			六
		四十兩奇			一百六十六兩奇	五萬八百六十六兩奇	一萬三千三百三十七兩奇	三千九百八十兩奇	一千一百九十二兩奇		十九兩奇	九千二百五十五兩奇			一百七十八兩奇			五兩奇

進出貨價贏絀表

海禁未開以前民安其俗樂其業享地利而無虞不足自西人航海求市徧歷奧區履我戶闥擅彼懋遷其勢如百川灌河隄防一潰莫之能遏甚且以商務之盛衰徵國勢之強弱則贏絀之數一衡量而較然有不愁然動色者乎當光緒初元出口貨旺我固有百萬乙亥千萬丙子之贏其絀也在丁丑以後綜計十一年來丁丑迄丁亥中國共虧銀一萬一千餘萬辛巳乙酉二年皆虧二千萬外民力幾何禁此朘削有不日就貧弱哉論者咸歸咎於絲茶之日下夫財之耗豈盡耗於絲茶哉洋藥進口歲值三千萬兩見第七表此三千萬者盡消滅於一呼一吸之閒而嗜之者仍有加無已世

局之變疾疢之深伊古未有儻無此巨耗絲茶雖絀我尚有二千萬之贏更興紡織以奪其紗布之利出礦產以奪其五金之利中國之利彼安得攘而有之今日者洋藥流毒未易弭矣惟絲與茶既爲物產之大宗即爲通商之大利茍能徵貴賤辨良楛法廉賈之五徵貪賈之三則所謂能者輻湊而不肖者瓦解轉移之術亦視人力之挽回商賈之齊一耳表進出貨價贏絀第五

進出貨價贏絀表

	進口轉運出洋進口之數不計	出口從此口運往彼口之數不計	贏絀
光緒元年	六千七百八十萬三千二百四十七兩	六千八百九十一萬二千九百二十九兩	贏 一百十萬九千六百八十二兩
二年	七千二十六萬九千五百七十四兩	八千八十五萬五百十二兩	贏 一千五十八萬九百三十八兩
三年	七千三百二十三萬三千八百九十六兩	六千七百四十四萬五千二十二兩	絀 五百七十八萬八千八百七十四兩
四年	七千八十萬四千二十七兩	六千七百十七萬二千一百七十九兩	絀 三百六十三萬一千八百四十八兩

綜五

年			
五年	八千二百二十二萬七千四百二十四兩	七千二百二十八萬一千二百六十二兩	紬 九百九十四萬六千一百六十二兩
六年	七千九百二十九萬三千四百五十二兩	七千七百八十八萬三千五百八十七兩	紬 一百四十萬九千八百六十五兩
七年	九千一百九十一萬八百七十七兩	七千一百四十五萬二千九百七十四兩	紬 二千四十五萬七千九百三兩
八年	七千七百七十一萬五千二百二十八兩	六千七百三十三萬六千八百四十六兩	紬 一千三十七萬八千三百八十二兩
九年	七千三百五十六萬七千七百二兩	七千十九萬七千六百九十三兩	紬 三百三十萬七九兩

十年	七千二百七十六萬七百五十八兩	六千七百十四萬七千六百八十兩	紬 五百六十一萬三千七十八兩
十一年	八千八百二十萬十八兩	六千五百萬五千七百十一兩	紬 二千三百十九萬四千三百七兩
十二年	八千七百四十七萬九千三百二十三兩	七千七百二十萬六千五百六十八兩	紬 一千二十七萬二千七百五十五兩
十三年	一萬二百二十六萬三千六百六十九兩	八千五百八十六萬二百八兩	紬 一千六百四十萬三千四百六十一兩

各國往來貨價表

互市大盛輪帆梭織歲來貨値遞增至一萬餘萬我貨歲往亦七八千萬貿易之宏亘古所無我絀彼贏歲恆一二千萬論世者歎息於漏巵之不可塞莫不歸咎於商之不可通雖然亦未可一概論矣北之俄東之美歐洲德法諸國夫固仰給絲茶歲輸於我者千數百萬可按籍稽也俄商運茶出嘉峪關者又百餘萬尚不在此數（見第十表）謂通商固無益此一偏之論也貿易以英商爲最鉅（居十之八九）然來者非盡其國所產往者非盡其國所用（關册云船懸某國旗即列入某國數內）徒以輪船繁多屬地遼闊爲諸國雄而懋遷亦遂爲諸國冠非果物產之運輸不竭也惟印度所產洋

藥流毒中國英擅其利而無其害是彼倚印度爲外府以餌中國實數千年來未有之奇局又不當以通商論罄各國茶價不足償此鴆毒可勝慨哉日本土產無多年來興廿利宏製造經心工商出口漸夥計十三年中共耗我二千九百餘萬兩其效尤而朘我尤可思也

光緒四年至七年即日本明治十一年至十四年此四年中日本與各國通商進出貨價相抵外日本虧二千二萬七千四百九十八元光緒八年至十三年即明治十五年至二十年此六年中進出相抵外日本贏五千二百八十九萬八千一百八十五元前後相殊如此此講求商務之明效

表各國往來貨價第六

併本表來數浮於第五表進口數者本表未除轉運出洋之數歲恆一二百萬也

五年檀香山來三百五十四兩往一萬七千九百二十九兩
六年往一萬三千七十一兩七年往七千二百五十九兩後
遂無聞又幅隘不容故不表第五表出口數內已包此所往
數

各國往來貨價表

綜六

國別		來往	光緒元年
英		來	二千一百十三萬二千六百四十兩
		往	二千九百十六萬四千五百十一兩
香港	轉運各國	來	二千七百五十二萬五千一百十九兩
		往	一千二百七十四萬七千十兩
印度	英屬	來	一千四百八十五萬五千二百八十二兩
		往	二十四萬九百四十五兩
新加坡	同上	來	六十九萬九千六百六十兩
		往	七十九萬三千二百九十兩
新金山紐西蘭	同上	來	五十五萬二千五百八十九兩
		往	二百二十二萬六千三百五十三兩
大浪山角	同上	來	
		往	九萬三千四百四兩
幹阿達	同上	來	六萬三百三十二兩
		往	四萬四千十三兩
美		來	一百一萬五千八百六十三兩
		往	七百六十七萬四千三百三兩
南美		來	三萬九千一百三十三兩
		往	
歐羅巴	除英俄外	來	七十六萬六千二百七兩
		往	八百五十七萬九千四百二十三兩
俄	由泉水道	來	
		往	一百三十六萬九千一百二十七兩
俄	由天津恰克圖	來	
		往	三百二萬一千九百七十三兩
俄	由圖們江	來	十萬八百十七兩
		往	七萬一千六百五十一兩
朝鮮		來	
		往	
日本		來	二百四十八萬五千六百八十九兩
		往	一百九十五萬三千一百七十七兩
小呂宋		來	六萬九百四十九兩
		往	二十三萬四千七百三十二兩
安南	法屬	來	十二萬三千五百五十九兩
		往	七萬九千九百八十兩
暹羅		來	三十二萬三千九百九十六兩
		往	十萬七千一百四十八兩
爪哇	荷屬	來	二十三萬二百二兩
		往	六十萬三百八十四兩
埃及		來	八十四百兩
		往	一萬一千五百五兩
澳門		來	
		往	

二年

二千八十七萬三千三百九十二兩
三千五百二十六萬七千八百九十七兩

二千七百二十七萬一千六百八十一兩
一千四百四十七萬七千二百三十五兩

一千一百六十一萬三千九百四十六兩
十八萬七千九百八十六兩

八十六萬九千九百四十八兩
五十九萬三千二百五十四兩

五十二萬二千七百六十四兩
一百九十五萬三千五百八十三兩

七萬三千一百六十四兩

五萬四千四百四兩
七千一百六十一兩

七十三萬八千五百二十八兩
七百三十五萬九千十八兩

十三萬一千十九兩
四萬二千二百九十二兩

八十二萬四千二百九十兩
一千四百十八萬五千七百十一兩

九十九萬九千五百十二兩

三百二十八萬一千四百八十九兩

九萬八千七百四十兩
九萬六千七百五十四兩

三百十三萬六千一百三十四兩
一百七十一萬七千四百九十七兩

十萬九千九百一兩
二十二萬四千三百五十四兩

三十九萬九千一百四十九兩
七萬七千五十五兩

四十五萬九千八百八十四兩
十九萬九千四百八十九兩

十八萬五千八百八十二兩
二十七萬八千一百八十一兩

二千[illegible]十兩

三年

一千九百九十九萬
二千七百七十八萬

二千七百六十萬一
一千九百二十九萬

一千九百七十三萬
五十七萬七千八百

一百二萬八千四百
九十四萬九千八百

五十三萬二千一百
一百九十五萬一千

十一萬五千一百五

八萬一千三百四十

一百十三萬八千一
七百九十五萬一千

七萬二千九十七兩

二十六萬一千四百
五百六十三萬六千

六十二萬六千五百
五十一萬一千五百

三百八十一萬四千

十一萬三千九百二
七萬二千四百八十

三百五十二萬七千
一百八十六萬九千

四萬三千四百五十
二十萬一百七十四

七十八萬八千五百
十一萬七千五百六

四十二萬九千六百
十六萬八千四百九

十一萬一千九百六
四十六萬七千五百

五百四十七兩

	四年
四千三百九兩 四千四百二十三兩	一千四百九十五萬一千七百十五兩 二千七百六十萬九千八百四十二兩
千六百四十三兩 五千七百六十六兩	二千七百四十四萬四千六百三十六兩 一千四百九十七萬九千一百一兩
三千一百二十二兩 二十五兩	二千一百七萬七千九十九兩 三十七萬四千二百五十一兩
十七兩 四十兩	八十二萬三千六百九十八兩 一百七萬七千三百十五兩
二十七兩 七百二十一兩	三十五萬二千五百三十三兩 一百七十六萬三百六兩
十八兩	二十二萬一千九百六兩
二兩	二十九萬四千三百十六兩
百三十六兩 二百三兩	二百二十五萬三千一百四十八兩 六百五十七萬六千一百二十五兩
	九萬五千五百六十四兩 四千六十八兩
十兩 六十八兩	八十二萬六千一百二十八兩 八百四十六萬一千三百四兩
七十三兩 八兩	四千七十一兩
七百七十七兩	三百二十萬七千九十四兩
十一兩 七兩	十四萬八千六百二十六兩 十三萬二十四兩
二百九十四兩 九百十二兩	四百五萬五百五十八兩 一百六十八萬二千七百十八兩
九兩 兩	十一萬二千八百四十二兩 二十四萬二千四百九十九兩
二十一兩 十三兩	二十八萬五千六十八兩 十三萬四千八百五十九兩
十四兩 十兩	三十一萬四千三百四十七兩 十九萬三千八百八十兩
十一兩 六十兩	十五萬七千八百八十八兩 五十一萬一千一百六十三兩
	一千六百五十五兩

五年

二千三十三萬二千七百六十三兩
三千六百十二萬四千五百八十六兩

二千九百六十四萬一千三百七十九兩
一千六百四十萬二千八百五十六兩

二千四百六十七萬七千三百一兩
五十五萬二百二兩

八十三萬四千二百八兩
八十七萬九千一百五十八兩

三十五萬六千二百八十九兩
一百七十七萬四千二百四十六兩

十五萬二千九百二十兩

十萬三千四百八十兩

二百五十四萬七千六百三十兩
八百九十六萬六千六百九十三兩

二萬四千八百七十二兩

一百七十五萬二百兩
一千十五萬一千六百七十三兩

一萬一千七百六十九兩

三百九十八萬八千二百六十九兩

二十七萬七千二百七十八兩
十九萬九千九百八十六兩

三百四十一萬七千六十八兩
三百二十三萬二千五百九十五兩

十萬二千四百八十一兩
十四萬九千十三兩

二十七萬九百八十一兩
九萬二百七十一兩

三十四萬七千三十六兩
三十四萬一千八百五十五兩

十二萬三十五兩
二十九萬三千七百二十七兩

五萬三千四百二十二兩

六年

二千一百八十八萬
三千七百八十二萬

三千二十五萬三千
一千六百六十萬八

二千七十萬六千八
一百十萬五千八百

八十六萬三千二十
九十七萬五千二百

二十二萬一千八百
一百八十九萬七千

五萬九千一百五十

十萬二千四百九十
六萬三千一百七兩

一百二十萬四千五
九百十萬六千九百

二百二十九萬六千
一千三百八十九萬

二萬八千八百十八

四百五萬五千三百

十七萬三千二百三
二十三萬九千八百

三百五十萬一千六
二百二十萬三千三

二萬七千二百八十
二十一萬一千七百

十萬四千一百六十
五萬二千四百三十

十三萬六千一百六
十三萬七千八百三

十五萬八千八百七
二十六萬八千三百

九千七百五十二兩
十四萬一百十兩

	七年
一千一百六十二兩 四千四十五兩	二千三百七十三萬八千一百九十八兩 二千二百七十三萬六百八十三兩
八十五兩 千七百二十兩	三千一百十八萬九千八百九十五兩 一千七百六十六萬一千四百十八兩
十兩 九十六兩	二千六百八十一萬八千七百四兩 四十九萬三千五百八十九兩
六兩 十九兩	一百十三萬七千十七兩 一百十七萬五千一百十六兩
七十七兩 九百七十八兩	四十二萬六千四百六十二兩 三百十四萬七千九百二十九兩
九兩	十三萬一千九百五十二兩
三兩	二十二萬五千三十七兩 一萬七千二百七十一兩
百二十五兩 十七兩	三百三十萬三百十二兩 一千二十三萬二千三百三十五兩
九百六十九兩 一千五百七十五兩	二百四十七萬三千三百五十四兩 九百八十萬六千十九兩
兩	一百二萬九千八百六十七兩
十兩	三百十八萬三千二百七兩
十五兩 六十三兩	十一萬二千七百六十六兩 三十四萬一百七十四兩
十七兩 百七十七兩	三百七十八萬一千五百七十四兩 一百七十六萬四千四百二兩
五兩 八十六兩	四萬七千九百五十四兩 二十六萬一百二十四兩
四兩 八兩	三十八萬五千二百九十九兩 一萬二千一百十二兩
兩 十五兩	十五萬五千三百六十九兩 六萬三千三百七兩
十七兩 八十二兩	八萬六千七百九十三兩 二十五萬七千三百七十九兩
	四千九百一兩 十四萬八千八百四十一兩

八年

一千八百七十五萬五千五百八十二兩

二千二百三十萬九千七十二兩

二千九百六萬三千六兩

一千六百四十八萬七千五百七十三兩

一千八百二十六萬四千三百七十二兩

四十七萬七千一百十四兩

一百五十六萬五千三百八十七兩

一百二萬七千七百二十兩

五十三萬七十二兩

二百二十二萬三千八百九十一兩

十一萬一千二百四十六兩

二十二萬八千七百七十九兩

五萬七千九百四十六兩

三百二十七萬六千七百二十八兩

八百四十二萬一百三十兩

二百四十八萬四千四百二十九兩

八百七十五萬一千八百四十七兩

九千百二十七兩

九十四萬六千三百二十四兩

三百二十八萬六千三百四十五兩

十五萬二千三十四兩

五十六萬八千七百六十七兩

四百四十四萬二千二百四十一兩

一百七十六萬六千八百五十八兩

一萬八千八百九十一兩

二十四萬九千四百四十九兩

四十八萬七千二兩

六萬五千四百七十二兩

十九萬七千四百十六兩

二十六萬七千五百三十四兩

三萬八千八百八兩

二十六萬六千七兩

三百六十九兩

五萬四千五百四十二兩

九年

一千六百九十二萬

二千四百五十七萬

二千九百九萬八百

一千八百八十五萬

一千七百十五萬三

五十五萬六千四百

一百四十二萬九千

九十三萬二千二百

四十二萬一千四百

一百六十二萬二千

十五萬三千三百四

十六萬七千一百六

八萬二百三十八兩

二百七十萬八千三

七百二十五萬一千

五十兩

二百三十七萬四千

七百八十二萬七千

一萬一千三百兩

一百七十五萬四千

三百六十六萬五千

十五萬四千九百八

三十八萬五千九十

一萬一千六百八兩

二千三百十四兩

三百七十三萬八千

二百四十一萬七百

三萬一千八百十二

二十九萬四千三百

四十七萬六千八百

六萬六百三十六兩

十九萬二千一百三

二十四萬二千八百

五萬一百六十七兩

三十二萬四千二百

一萬八百兩

十三萬三百二十一

	十年
九千九百七十七兩 二百七十二兩	一千六百九十四萬五千八十六兩 一千九百四十六萬五千五百五十三兩
七十三兩 一千九百四兩	三千七十七萬四百五十三兩 一千七百二十三萬九千七百五十兩
千六百九十三兩 三十八兩	一千六百三十三萬八千九百八十一兩 六十三萬五千八百四十四兩
七百六十七兩 十三兩	一百四十六萬九千六百六十五兩 八十五萬四千八百九十五兩
二十八兩 七百六十三兩	十一萬八千一百八十兩 一百六十六萬五千六百三十二兩
十兩	十四萬六千八百七十五兩
十九兩	六萬七千八十一兩 二十三萬一千一百八十九兩
百九十五兩 九百六十一兩	三百四十一萬八千三百六十七兩 八百二十七萬九千五百九十八兩
	一萬一千八百八十七兩
一百十二兩 四百七十一兩	一百七十五萬二千二百三十二兩 一千七萬五百二十二兩
九百五十三兩	一萬四百一兩 一百二十五萬一千四百四十五兩
三百九十七兩	三百七十三萬九千六百六十七兩
十一兩 三兩	二十四萬七千九百三兩 四十九萬七千五百六十九兩
	三萬一千二百八十二兩 三萬二千八百九兩
一百六兩 八十七兩	三百六十五萬五千五百五十二兩 一百七十九萬五千八百十五兩
兩 二十六兩	四萬三千一百二十一兩 十九萬九千四百五十九兩
十六兩	二十七萬二千六百二兩 十五萬四千七百六十八兩
十四兩 七十八兩	十三萬三千七百八十四兩 二十四萬八百九十二兩
三十六兩	五萬四千八百七十二兩 三十一萬五千八百八十兩
兩	七百三十兩 三十一萬七千六百三十四兩

十一年

二千三百九十九萬一千六百八十八兩
三千一百九十九萬二千一百八十五兩
三千五百二十六萬八千一百九十七兩
二千五百八十六萬九千九百八十七兩
一千六百十四萬八千七百八十一兩
五十八萬八千五百六十七兩
一百七十二萬五千二百八十六兩
九十九萬八千九百三十九兩
二十五萬六千二百二十兩
一百八十八萬一百四兩

十八萬五千九百七十兩
五萬一千三百八十七兩
二千二百六十兩
三百三十一萬五千四百二兩
八百二十九萬七千七百二十二兩

四千一百六十八兩
二百五十一萬八千三百四十七兩
七百三十萬四千三百七十兩
一千七百四十七兩
九十四萬六千五百三十三兩

三百四十三萬八千二百五十九兩
十九萬一千九百十六兩
四十六萬七千五百六十八兩
二萬四千六百五兩
十二萬八百三十二兩
五百二十六萬三千九百十八兩
二百四十九萬一千二百九十八兩
六萬九百十二兩
二十六萬三千七百八十五兩
二十二萬八千三百三十三兩
七萬六千三百六十六兩
二十七萬七千五百八十六兩
三十萬二千四百七兩
七萬一千七百六十八兩
四十一萬二千四百二十八兩
九千七百九十兩
三十六萬九百六十三兩

十二年

二千二百三萬四千
一千九百七十四萬
三千四百八十八萬
二千二百五十五萬
一千六百九十八萬
五十三萬二千六百
一百二十三萬五千
九十三萬九千六百
二十九萬八千一百
一百六萬二千二百

五萬七千六百二十
二萬八千一百八十
六萬七千九百二兩
四百六十四萬七千
九百六十八萬五千

六千二十六兩
二百七十四萬九千
一千一百九十二萬
五百五十四兩
一百四十七萬四百

四百九十四萬八千
二十萬二千三百六
六十二萬八百八十
二萬九千六百四十
十萬二千九十三兩
五百六十九萬一千
二百三十二萬二千
五萬一千四百二十
二十萬四千九百四
二十萬九千五百四
十三萬九千九百十
十九萬一千九百七
三十一萬二千四百
四萬四千六十九兩
四十二萬六十兩
二萬五千二百九十
十八萬八千二百七

	十三年
七百五十三兩 五千六百九十四兩	二千五百六十六萬六千四百七十七兩 一千六百四十八萬二千八百九兩
九千六百七十一兩 二千六百七十六兩	五千七百七十六萬一千三十九兩 三千一百三十九萬三千一百八十九兩
三十五兩 一兩	五百五十三萬七千三百七十五兩 七十九萬七千五百七十兩
九百七十兩 二兩	一百三十九萬一千一百六十九兩 一百三十三萬六千六百六十兩
六十兩 八十四兩	二十七萬九十一兩 三百十萬九百五十兩
五兩	十八萬七千八百六十三兩
七兩	九萬三千八百二十兩 十二萬八千七百八十兩
二百三十三兩 六百九十一兩	三百三十九萬八千三百九十兩 八百九十一萬五千九百二十兩
八十三兩 八千四百四兩	二百五十八萬七千五百四十八兩 一千一百五十四萬五千四百六兩
三十九兩	一百三十一萬三千六百七十七兩
九兩	五百七十萬四千二百八十一兩
十四兩 四兩	十一萬八千一百九十四兩 六十三萬三千三百九十五兩
三兩	一萬八千三百五十兩 十八萬二千六十三兩
四百八十九兩 三十六兩	五百五十六萬五千三百五兩 二百十一萬三千一百三十七兩
四兩 十兩	六萬八千四百九十六兩 二十八萬八千五百五兩
十四兩 九兩	三十三萬七千八百五兩 九萬二百十兩
兩 十四兩	十五萬一千六百三十九兩 三十八萬一千八百四十四兩
	五萬六千四百六十一兩 四十四萬八千五百七十七兩
四兩 十兩	十萬八千九百三十一兩 二十七萬七千七百七十五兩
	一百三十六萬五千四十六兩 一百五十三萬七千五百九十七兩

進口貨價類列表

范蔚宗之傳西域也一則曰大秦多珍奇異物再則曰大秦多金銀奇寶海西繁富自昔然矣顧昔則搜琛示賚祇取炫奇今則格物攷工競思逐利彼所捆載來者大綱有三曰洋藥曰布曰銅鐵外此名稱繁夥不可以更僕數者統曰雜貨類皆窺我風氣飭彼百工我用既便彼財自阜大較然也夫洋藥蠱毒無俟贅言布與銅鐵不能禁我之不用卽不能禁彼之不來內察民情外觀時變知興織局修礦政二者有不容或緩者矣難織布者曰織不用機則呈材不富織而用機則自害女紅不知西布既來中害已深而非自今始不自織無以減害自織則尚可

分利而何至增害苟能物肖工良前民利用將製等價廉適從眾好我產漸行彼來漸絀於華工夙製不相涉也惟以西國之機織中國之布則不啻慮利權之未盡去而重爲彼謀以薪助啖耳難興礦者曰明季弊政姑置前車卽近今鳩合公司何者非黃金虛擲不知此人之不可恃非礦之不可興夫蒸汽恃煤製械恃金取多用宏日臻於盛胥天下而仰給於外洋烏在其爲利也貨惡棄地政貴因時表而出之旣得利導之宜亦杜覬覦之漸特此二者善爲之皆足以興利（近惟開平煤礦已著成效）不善爲之皆足以致弊則視任此者之賢否何如而非可因噎而廢食也近天津設自來火公司已成聞多運銷於河南諸郡是未奪洋商之利權先導洋貨入內地之路益侵小民之利所宜三思者

也
表進口貨價類列第七
洋藥有大小新雜之異名棉布有花原粗細之殊製棉紗棉線坿棉
布類十三年價至一千二百五絨毛則兼括呢羽雜樣則錯
十餘萬則機器紡紗豈容再緩
舉麻帆銅鐵名稱尤繁且瑣提其綱要而不列細名若意在
求詳則關册可考
古以三十斤爲鈞四鈞爲石石者百二十斤也今借石爲百
斤之名姑從俗稱下倣此
併本表數即第五表進口數

進口貨價類列表

綜七

	洋藥	棉布	絨毛布	雜布	銅鐵	雜貨
光緒元年	二千五百三十五萬五千六十五兩	二千六萬一千一百四十三兩	四百五十六萬一千四百二十一兩	十七萬七千八百四十八兩	四百二十二萬六千九十九兩	一千三百四十二萬一千六百七十一兩
二年	二千八百一萬八千九百九十四兩	二千二十一萬六千二百四十六兩	四百二十五萬九千二百八十一兩	十萬二千二百六兩	三百六十九萬二千八百四兩	一千三百九十八萬四十三兩
三年	三千二十七萬三千五百七十七兩	一千八百九十五萬五千七百九十五兩	四百八十三萬五百八十三兩	十二萬八千六百三十兩	四百三十五萬四千七百九十九兩	一千四百九十五萬三千九百七十六兩

四年	五年	六年	七年
三千二百二十六萬二千九百五十七兩	三千六百五十三萬六千六百十七兩	三千二百三十四萬四千六百二十八兩	三千七百五十九萬二千二百八兩
一千六百二萬九千二百三十一兩	二千五百五十九萬九千六百七十九兩	二千三百三十八萬二千九百五十七兩	二千六百四萬五千八百三十六兩
四百八十七萬五千五百九十四兩	四百九十五萬四千四百七十二兩	五百八十一萬六百八十八兩	五百八十五萬三千八百七十八兩
十六萬六千四百六十兩	十二萬四千三百五十九兩	十六萬九千三百八十四兩	二十五萬三千四百二十六兩
四百十七萬八千三百七十六兩	四百十三萬二千六十七兩	四百七萬九千一百九十六兩	四百八十二萬八千五百十二兩
一千三百二十九萬一千四百九兩	一千三百八十八萬二百三十兩	一千三百五十萬六千五百九十九兩	一千七百三十三萬七千十七兩

八年	九年	十年	十一年
二千六百七十四萬六千二百七十九兩	二千五百三十四萬五千六百十三兩	二千六百十五萬二百四十一兩	二千五百四十三萬八千九百十四兩
二千二百七十萬六千七百八十四兩	二千二百四萬六千七百八十五兩	二千二百十四萬一千二百二十二兩	三千一百四十九萬三千八百二十三兩
四百四十九萬六千二百六十三兩	三百八十九萬三千五十九兩	三百七十萬九千六百七十八兩	四百八十二萬四千五十六兩
二十八萬六千八百八十五兩	八萬五千一百五十六兩	十三萬三千四百三十四兩	十六萬三千三百三十二兩
四百七十萬五百三十二兩	四百六十七萬八百十八兩	四百九萬六千八百七十兩	五百五十萬三千四百十六兩
一千八百七十七萬八千四百六十六兩	一千七百五十二萬六千二百七十一兩	一千六百五十二萬九千三百十三兩	二千七十七萬六千四百七十七兩

十二年	二千四百九十八萬八千五百六十一兩	二千九百四萬九千六百五十三兩	五百六十三萬九百四十八兩	七萬四千四百八十五兩	五百三十一萬九千一百二兩	二千二百四十一萬六千五百七十四兩
十三年	二千七百九十二萬六千八百六十五兩	三千七百四萬七千九百三十一兩	五百四十二萬四千五百六十一兩	九萬六百八十四兩	五百七十九萬七千三百六十七兩	二千五百九十七萬六千二百六十一兩

出口貨價類列表

夫治產積居與時相逐以之謀生則善以之謀國則乖然而太公通魚鹽之利人物輻湊冠帶天下餘澤及於威宣知物產之豐盈國勢之所由壯也伏讀

高宗賜英吉利敕諭知我國絲茶磁器（磁器今入雜貨）爲西洋各國所必需百餘年來有加無已綜計出口之數茶爲首絲次之雜貨又次之非不歲增一歲也惟是出口所增恆不及進口所增之驟且鉅而贏朒判焉不有挽回之術使進出足以相衡不二十年民生幾無復可問雜貨無四百萬以外之大宗可勿論矣茶葉出洋光緒三年以前不足二百萬石而價在三千萬外十二

年增至二百二十餘萬石而價與三年相埒是茶日增而價日賤也彼稅務司之言謂非大減釐稅不能使洋商舍洋茶而市華茶似矣然少減之不足以紓商多減之又適以病帑且恐旣減之後洋人以彼中銷數爲衡配運不能驟益是商欲紓而仍困帑已虧而更虧此當局者所以躊躇而莫敢決也湖絲出洋歲不加旺聞外洋舊積充物無缺之患推廣振興更非易事夫商人或苦於資之不充而稱貸以益之或苦於貨之不售而賤抑以就之無能整齊畫一以化其欲速見小之心者商民交困卽國亦安得而不困哉雖然以中國土物之豐人工之儉得一二究心商務者經而理之飭廉隅宏規畫奪彼利而返之於我

夫豈奢願難償乎表出口貨價類列第八

併本表三總數即第五表出口數併本表絲七類數即絲總

數併茶四類數即茶總數惟併第十四五六表雜貨數則腑

於此雜貨總數以有未入表之雜貨也

出口貨價類列表

貨名		光緒元年
湖土生絲	貨	七萬四千一百八十二石二十二斤
	價	一千九百四十八萬九千二百二十五兩
亂頭絲	貨	八千五百八十三石十八斤
	價	三十四萬六千九百九十一兩
野粗絲	貨	五千七百三十一石六十三斤
	價	六十一萬八千五十三兩
蠶繭	貨	三千七十石七十二斤
	價	二十四萬一千十五兩
綢緞	貨	六千四百六十七石八十二斤
	價	四百二萬二千五百三十八兩
絲線帶子	貨	五百三十石二十三斤
	價	十七萬六千二百七十兩
蠶子	貨	
	價	
紅茶	貨	一百四十三萬八千六百十一石十七斤
	價	二千九百七十三萬九千七百九十三兩
綠茶	貨	二十一萬二百八十一石六十七斤
	價	四百九十六萬五千四百八十兩
磚茶	貨	十六萬六千九百石三十一斤
	價	一百九十七萬六千四百四十八兩
茶末	貨	二千五百九十四石一斤
	價	一萬五千七百九十一兩
絲總價		二千四百八十九萬四千九十二兩
茶總價		三千三百六十九萬七千五百十二兩
雜貨總價		七百三十二萬一千三百二十五兩

綜八

二年	三年
七萬六千二百九十一石四斤 三千五十四萬二千十六兩	五萬六千二百三十五石 一千七百二十五萬七千
一萬三百三十一石四十七斤 四十九萬三千七百三十六兩	八千五百八十六石五十 三十萬三千七十六兩
三千九十四石九十五斤 三十六萬六千一百八十三兩	三千二十九石五十二斤 三十六萬五千一百九十
三千一百九十八石八十九斤 二十五萬一千九百六十五兩	二千三百五十五石八十 二十萬八千二百二十三
五千一百八十八石八十六斤 三百九十八萬六千三十八兩	六千四百六十石十七斤 四百四十三萬二千一百
四百七十九石十一斤 十七萬二千四百兩	五百十二石四十八斤 十八萬八千一百七十五
十八石 三千一百九十八兩	
一百四十一萬五千三百四十八石七十五斤 三千五十九萬九千八百八十三兩	一百五十五萬二千四百 二千七百十五萬四千九
十八萬九千七百十四石九十斤 四百六十四萬一千六百九十一兩	十九萬七千五百二十一 四百三十三萬八千一百
十五萬三千九百五十石六十六斤 一百八十一萬九千四百八十三兩	十四萬七千八百九石九 一百七十五萬九千二十
三千七百九十八石九十二斤 二萬六千七百六十九兩	一萬二千一百五十七石 八萬七千九百五十兩
三千五百八十一萬五千五百三十六兩	二千二百七十五萬四千六百六十八兩
三千六百六十四萬七千九百二十六兩	三千三百三十四萬一百三十二兩
八百三十八萬七千五十兩	一千一百三十六萬二千七百九十七兩

四年	
六萬三千一百四十三石六十一斤 一千九百四十一萬八千七百五十七兩	六十六斤 八百八十三兩
一萬一千四百六十九石五十三斤 四十一萬六千九百十九兩	四斤
四千二百石三十六斤 四十一萬九百四十二兩	兩
二千二百三石八十一斤 十二萬九千六百十九兩	三斤 兩
七千四百三十九石六十三斤 四百五十萬七千四十七兩	二十一兩
六百九十石九十斤 二十四萬二千九百二十兩	兩
十八斤 九十兩	
一百五十一萬七千六百十七石三十六斤 二千七百十三萬二千四百十七兩	三十八石七十九斤 百七十九兩
十七萬二千八百二十六石十一斤 三百四十二萬二千二百二十七兩	石五十斤 七十五兩
十九萬四千二百七十七石四十二斤 一百三十五萬四千二百六十七兩	十七斤 八兩
一萬四千二百三十五石七十八斤 十萬四千二百七十三兩	七十二斤
二千五百十二萬六千二百九十四兩	
三千二百一萬三千一百八十四兩	
一千三萬二千七百一兩	

五年	六年
七萬六千二十八石九十九斤 二千二百五十九萬六千四百八十一兩	七萬八千一百一石九斤 二千二百六十萬四千四
一萬三千七百九十四石八十九斤 六十一萬六千一百八十四兩	一萬八千八百六十一石 九十四萬七千三百九十
四千七百十六石十二斤 四十萬九千四百六十六兩	四千一百一石五斤 三十八萬五千八百七十
三千八百八十九石二十八斤 二十五萬二百五十七兩	四千五百五十七石九十 二十三萬八千二百二十
六千九百十九石五十八斤 四百四十九萬八千九百九十二兩	八千三百九十石三十八 五百四十二萬一千七百
六百八十四石十斤 二十四萬九千九百五十三兩	七百十石六十五斤 二十三萬三千七百六十
一百五十二萬三千四百十八石七十四斤 二千七百五十二萬七百五十四兩	一百六十六萬一千三百 二千九百二十九萬八千
十八萬三千二百三十三石八十九斤 四百三十萬八千七百七十七兩	十八萬八千六百二十三 四百十九萬六千四百四
二十七萬五千五百四十石十五斤 一百三十九萬二千六百十六兩	二十三萬二千九百六十 二百十三萬二千三百四
五千二百六十九石五十三斤 四萬九千五百九十二兩	一萬四千二百石八十三 十萬六百三十六兩
二千八百六十二萬一千三百三十三兩	二千九百八十三萬一千四百四十四兩
三千三百二十七萬一千七百三十九兩	三千五百七十二萬八千一百六十九兩
一千三十八萬八千一百九十兩	一千二百三十二萬三千九百七十四兩

七年	
六萬四百八十三石二十五斤 一千九百六十一萬四千七百十六兩	百六十五兩
二萬七千八百七十七石三十四斤 一百五十九萬四千三百四十六兩	十四斤 三兩
五千一百九十九石十一斤 五十萬九千四百四十一兩	六兩
四千五百五十一石二十八斤 二十九萬八千五百三兩	五斤 二兩
七千一百八十七石五十五斤 四百六十一萬二千二百七十三兩	斤 二十一兩
四百九十三石九十斤 二十三萬八千九百二十一兩	七兩
一百六十三萬六千七百二十三石九十六斤 二千六百二十萬五千六百六十九兩	二十五石二十八斤 七百八十八兩
二十三萬八千六百四十二石十斤 五百十萬六千五百五十四兩	石四十六斤 十一兩
二十四萬七千四百九十八石三十六斤 一百四十六萬八千一百八十四兩	九石二十九斤 兩
一萬五千一百八十六石四十一斤 十一萬四千九百六十一兩	斤
二千六百八十六萬八千二百兩	
三千二百八十九萬二百六十八兩	
一千一百六十九萬四千五百六兩	

八年	九年
六萬四百十九石七十四斤 一千六百九十八萬九千八百八十一兩	五萬九千一百四十二石 一千六百九十五萬九千
二萬八千六百五十七石七十七斤 一百三十五萬六千八百二十六兩	二萬八千四百九十七石 一百六十萬五千三百六
四千八十九石三十八斤 三十四萬四千七百二十兩	五千八百三十六石六十 五十一萬九百七十四兩
三千八百四十七石 二十萬七千五百二十三兩	二千六百六十二石二十 十八萬二千八百七十兩
六千五百九十八石二十六斤 三百三十九萬六千三百七十四兩	七千七百三十一石八斤 四百二萬二千七百四十
二千七百一石七十三斤 五十四萬一千九百二十八兩	三千二百八十六石七十 六十五萬六千六百七十
十九斤 四十八兩	
一百六十一萬一千九百十六石八十二斤 二千五百八十七萬八千二百三十八兩	一百五十七萬一千九十 二千六百七十三萬三百
十七萬八千八百三十九石五十二斤 四百九萬九百兩	十九萬一千一百十五石 三百九十萬二千四百七
二十一萬九千二十六石六十斤 一百三十萬三千九百六十四兩	二十一萬八千七百四十 一百五十萬一千五兩
七千三百六十七石九十斤 五萬九千[illegible]百五兩	六千一百二十五石九十 四萬一百九十七兩
二千二百八十三萬七千三百兩	二千三百九十三萬七千八百九十六兩
三千一百三十三萬二千二百七兩	二千二百十七萬四千十五兩
一千三百十六萬七千三百三十九兩	一千四百八萬五千七百八十二兩

十年	
六萬一千一百三十九石七十八斤 一千五百八十四萬七千二百二十二兩	八十六斤 二百六十四兩
三萬五千一石五十斤 一百七十三萬二百四十一兩	九十九斤 十一兩
六千六百五十一石八十四斤 六十萬九千四百六十三兩	八斤
二千六百十八石四斤 十一萬八千九百六兩	九斤
八千八百七石五十三斤 四百四十二萬六千九百七十三兩	九兩
二千二百十四石六十七斤 四十四萬九千五百四十六兩	四斤 八兩
四石 二百六十兩	
一百五十六萬四千四百五十一石八十九斤 二千三百十四萬六千一百二十六兩	二石三十八斤 四十兩
二十萬二千五百五十六石五十二斤 四百四十萬四千九百七十兩	六十七斤 十三兩
二十四萬四千九百九十六石六斤 一百四十八萬二千五百七十五兩	四石三十五斤
四千二百二十二石十二斤 二萬一千四百七十一兩	四斤
二千三百十八萬二千六百一兩	
二千九百五萬五千一百四十二兩	
一千四百九十萬九千九百三十七兩	

十一年	十二年
五萬一百十三石四十五斤 一千二百八十四萬六千七十四兩	六萬四千四百八十八石 一千七百九十二萬一千
三萬九百六石六十六斤 一百六十二萬五千四百八十八兩	四萬五千五百四十石九 二百二十七萬一千九百
七千八百七十一石四十八斤 七十二萬三千九百八十三兩	一萬二千五百五十四石 一百二十八萬八千六百
一千三百四十一石九十六斤 六千四百一兩	五千三百八十七石六十 三十五萬四百八十二兩
一萬二百七十九石四十一斤 四百五十五萬六千四百七十兩	一萬二千四百八十六石 六百七十五萬三千九百
六百三十一石五十五斤 十八萬八千七百五十九兩	八百八石六十二斤 二十四萬八千三百七十
	一石六斤 二百十兩
一百六十一萬八千四百三石六十七斤 二千六百五十二萬八千一百八十七兩	一百六十五萬四千五十 二千七百六十九萬四千
二十一萬四千六百九十三石三十七斤 四百十六萬六千九百八十兩	十九萬二千九百三十三 三百五十五萬一千七百
二十八萬一百一十六石五十斤 一百五十一萬一千八百七十五兩	三十六萬一千四百九十 二百二十一萬八千九十
一萬五千五百五石八斤 六萬一千九百九十八兩	八千七百十九石五十斤 四萬六百六十五兩
一千九百九十四萬七千一百七十五兩	二千八百八十三萬五千五十三兩
三千二百二十六萬九千四十兩	三千三百五十萬四千八百二十兩
一千二百七十八萬九千四百九十六兩	一千四百八十六萬六千六百九十五兩

十三年	
六萬六千六百九十三石六十八斤 一千九百六十五萬五千六百十四兩	二十八斤 三百九十七兩
五萬九千七百四十五石 三百二十四萬七千五百九十一兩	十一斤 九十六兩
一萬二千五十一石四十五斤 一百八萬五千一百二十四兩	五十七斤 五十五兩
一萬九百八十一石四十三斤 六十一萬九千一百九十九兩	三斤
一萬四千一百八十三石八十二斤 六百七十二萬三千一百四十九兩	八十九斤 三十九兩
一千二百二十一石二十七斤 三十五萬九千五百三十七兩	四兩
一百六十二萬九千八百八十石七十九斤 二千四百六十五萬三千七百六兩	八石二十九斤 三百六兩
十八萬四千六百八十一石三十一斤 三百四萬五千八百六十九兩	斤 五十七兩
三十三萬一千二百八十一石三十一斤 二百三十一萬二千一百四十五兩	二石三十七斤 二兩
七千一百二十六石五十四斤 二萬九千三百八十兩	
三千一百六十九萬二百十四兩	
三千四萬一千一百兩	
二千四百十二萬八千八百九十四兩	

各國運銷茶數表

中國物產之便益西人日用者莫如茶年來日本印度意大里競相種植幾幾乎有盡奪我利之意幸所產不多且弗良仍珍華茶又西方嗜此者較十年前數增二倍所需日多故華茶出口歲亦加盛彼藉藉謂西人無俟華茶者謬也不然印度既自有茶矣何以由中國往者轉歲增也新金山錫西蘭諸島距印度近距中國遠何以由中國往者亦歲增也埃及亞丁蘇彝士等處距意大里近距印度亦不遠何以由中國往者或多至七千餘石也光緒十三年冬英國商務衙門報稱印度茶往英國者約七十三萬四千石價約二千四萬兩中國茶往英國者約八十九萬八千石價約一千八百六十八萬兩印茶少於華茶十六萬四千石價反多於華茶一百三十六萬故華

茶稅重價昂以致洋人好市印茶之說不確其足以侵奪我利者惟日本彼所產較盛售諸美利堅者爲多故華茶赴美者歲減乙酉卽明治十八年日本茶赴美利堅者價五百九十四萬元且有運入中國者數見第十三表惟是質粗味劣不能不補以華茶彼亦自揣其豐歉以爲盈縮故運去之茶仍有一二百一二千石不等十三年出口往日本茶一萬二千餘石爲獨多而日茶進口一萬六千餘石轉多四千餘石其專尚華茶取用宏多而裨益我國者惟俄夫物土所宜非能獨祕各任其地力之所出人力之所成以與天下通有無能者見優不能者見絀亦豈無講求之術俾絜長較短者有所去取於其閒以自保利益哉表各國運銷茶數第九

光緒五年有運赴檀香山茶五百十八石六年二十五石七年十八石後遂無聞故不表

各國運銷茶數表

各國	光緒元年
英	一百五萬五千九百三石
香港 轉運各國	十二萬三千九石
印度 英屬	七千四百四十八石
新加坡 同上	一千九百六十石
新金山 西蘭 同上	十一萬六千五百五十二石
大浪山嶺 同上	三千八百六十一石
幹阿達 同上	三千四百二十八石
美	二十二萬一千七百九十二石
南美	
歐羅巴 除英俄外	一萬二千三百六十石
俄 由水道	五萬三千九十九石
俄 由天津恰克圖	十九萬七千七百九十六石
俄 由圖門江	六千五十三石
朝鮮	
日本	九百二十九石
小呂宋	三百十七石
安南 法屬	二千一百七十七石
暹羅	九百五十一石
爪哇 荷屬	一萬六百六十四石
埃及	
澳門	

二年	三年
一百三萬二千二百二十六石	一百七萬九千四百
十二萬一千二百四十石	十九萬六百五十石
三千八百三十五石	六千九百六十二石
一千一百八十九石	五千一百五十八石
十一萬九千七百一石	十一萬七百六十五
三千三百八十三石	六千六百四十四石
三百八十三石	
二十一萬四千五百三十一石	二十七萬七百八石
十五石	
一萬一千八百八石	二千二百八十八石
三萬八千四百二十八石	
十九萬八千五百六十三石	二十一萬四千二百
七千一百九十三石	四千三百八十五石
七百六十五石	二百二十三石
一百六十三石	二百七石
一千九百二十五石	二千六百七十石
二千二百三十四石	一千七百八十五石
五千三百一石	一萬二千九百五十
四石	二十二石

四年	
一百六萬二千九百六十九石	三十七石
十七萬四千八百六十八石	
四千二百八十石	
三千八百五十二石	
十六萬六千六百十石	石
一萬九百九十九石	
二十二萬七千九百八十八石	
六十九石	
二千六百三十八石	
四百七十九石	
二十七萬五千四百石	二十九石
五千四百四十石	
一千六百四十七石	
二百九石	
四千三百六十三石	
一千五百九石	
一萬五千六百十一石	五石
八十七石	

五年	六年
九十八萬六千八百五十三石	一百十一萬二千八
十七萬二千五百七十八石	十六萬八千四百六
九千四十六石	一萬三千二百九十
三千五百八十七石	三千七百二十九石
十萬四千八百九十一石	十五萬二千五百三
七千六百九十一石	二千九百八十七石
	二千八百五十四石
二十六萬六千九百五十三石	二十六萬九千七百
二千四十八石	五千七百十六石
一萬三千六百四十八石	四萬一千二百十八
四十萬四石	二十九萬六千八百
一萬九百六十四石	一萬九千二百三十
一百四十四石	一百七十石
一百六十七石	二百三十五石
二千四百六十石	一千五百七十四石
七百六十二石	一千六百五十三石
四千六百八十六石	三千八百五十九石
四百六十二石	七十四石

	七年
百七十四石	一百四萬三千三百二十六石
十七石	十七萬一百八十二石
七石	八千四百九十石
	四千十八石
十九石	十六萬八千一百九十石
	七千二百四十石
	八百五十三石
四十石	三十三萬七千九百四十二石
	七千五十六石
石	五萬六千二百五十七石
六十九石	二十九萬四千九百八十五石
八石	二萬九千四百七十二石
	二千九十七石
	三百四石
	一石
	八百三十石
	六千一百八十六石
	二十五石

八年	九年
一百一萬五千七百四十四石	一百萬九千四百九
十六萬七千二十五石	十五萬六千五百八
七千六百八十三石	一萬三千六百二十
四千七百三十二石	四千一百七十一石
十四萬八千六百四十三石	十一萬四千二百六
五千九百三石	八千三百八十一石
九百二十四石	一千八百九十石
二十六萬一千二百八十四石	二十五萬四千七十
三千六百三十四石	六千五百九石
七萬九千七百二十九石	八萬五千四百十八
二十七萬四千六百石	二十九萬二百三石
三萬二千五百八十五石	二萬八千八百五十
三百七十六石	一百七十八石
三百四十四石	四百五十三石
三千三百五十二石	二千二百二十石
一千五百石	一千二百五十九石
九千八十石	九千六百三十石
十三石	一百七十四石

十年	
九十六萬一千二百十六石	十九石
十三萬九千七百六十二石	十七石
一萬八千五百九十九石	七石
四千一百九十三石	
十三萬九千四百二十八石	石
九千五百五十一石	
三千四百七十八石	
二十七萬三千二百五十五石	九石
八百三十九石	
三千五百五十四石	
八萬八千六百七十九石	石
三十一萬四千六百五石	
四萬四千五十石	七石
二石	
三百六十九石	
三百六十八石	
三千四百八十五石	
九百八十七石	
八千七百二十石	
七十七石	

十一年	十二年
一百一萬一千六百六十六石	九十四萬九千五百
十七萬九千七百六十八石	十五萬五千七百五
一萬六千七百六十八石	一萬三千九百四十
五千九百七十四石	五千五百五十三石
十六萬五千四百八十九石	十四萬九千八百十
八千四百五十三石	四千三百十六石
一百二十六石	五百八十二石
二十八萬六千七百四十四石	三十萬四千四百六
三百二十二石	四百八十石
四千四百二十一石	八千七百三十七石
四萬七千九百六十九石	九萬四百二十六石
三十四萬五千三百九十一石	四十四萬五千一百
三萬八千九百五十五石	六萬三千六百三石
六石	五石
一千三十五石	二千八百三十六石
四百六石	五百五十七石
一千五百四十二石	三千一百十石
一千四百七十八石	一千一百六十一石
一萬二千二十五石	九千三百二石
二百二十石	七千九百六十六石

十三年	
七十九萬三千七百四十七石	三十七石
十九萬六千四百七十三石	十六石
一萬五千八百十八石	七石
五千七百六十二石	
十七萬七十四石	石
一萬一千二十四石	
一萬一千四石	
二十七萬四千一百十三石	十四石
九千十一石	
九萬三千四百六十七石	
四十四萬四千六百三十七石	四十八石
六萬九千二百七十二石	
九石	
一萬二千八百三石	
四百八十石	
二千二百五十三石	
六百五十二石	
八千七百二十一石	
七百三十二石	
三萬二千九百十九石	

俄商運茶另數表

俄人之運貨回國也取道凡四東駝輦載出恰克圖而達於東悉畢爾者爲咸豐以前之故道駕巨艦泛海徂西以達於波羅的海者爲通商以後之孔道出圖門江北以達於東海之濱者辛酉後新拓地也此三路運茶數見第九表其自漢口西北行出嘉峪關以達於西悉畢爾者自光緒五年始前此或亦有之維時改約未爲關册所未載成而西路通商端倪已著蓋哈薩克浩罕諸部新歸屬隸地加廣人加衆需物加多而茶尤鉅焉七年定約允以嘉峪關爲通商口岸而往來益盛十年而後開關榷稅歲運十餘萬石關册不列此數於江漢關出口之內不知嘉峪關未開以前西路貨物納稅何所倣效貿易不可謂不盛運去

之茶居全數三分之一丁亥一歲併雜貨計出口價九百二萬兩有奇而進口價僅十一萬八千餘兩計輸於我者八百九十萬兩甚矣英俄商務損益中國之不可同年語也十二年茶少價多十三年茶多價少又華商受困之明證夫西路商務漸盛茶既如此他物可知天山南北各城雖按約暫不納稅而貨物往來可以驗物產之豐嗇財力之厚薄而風俗之勤惰奢儉甌脫之安危向背亦於是乎繫焉司稅者雖闕焉不詳張家口出進數關冊亦不載而留心時局者所宜訪求而體察者也時報載光緒十二年四季喀什噶爾烏魯木齊二處進口貨價一百四萬八千兩有奇出口貨價六十四萬兩有奇伊犁喀爾巴哈臺二處未據報齊

表俄商運茶另數第十

俄商運茶另數表 綜十

	茶葉 磚茶	計價
光緒五年	一千四百五十三石 九萬七百九十三石	
六年	八萬五百七十一石 二萬七千六十五石	
七年	八萬四千七百三十九石七十四斤 四萬二千五百五十五石七十斤	一百五十二萬五千三百二十兩 二十三萬四千五十兩
八年	四萬一千三百五十三石 八百二十八石三十三斤	二十萬六千七百六十九兩 四千一百四十二兩

九年	三萬三千八百四十三石	三十七萬二千二百八十兩
	七百六十九石	三千八百四十六兩
十年	二萬九千三百九十七石	二十六萬四千五百七十兩
	二萬五千九百九十七石	十二萬九千九百八十四兩
十一年	十五萬七千四百五十八石	一百八十八萬九千五百兩
	六千九百五石	二萬七千六百二十兩
十二年	十五萬九百十六石	一百五十萬九千一百六十兩
	一萬八千七百六十四石	七萬五千五十六兩
十三年	十六萬七千四百三十八石	一百三十三萬九千五百五兩
	七千四百八十四石	二萬九千九百三十四兩

各口運銷洋藥表

中國財力之耗而不可復也民氣之偷而不可振也半由於洋藥之流行而不可遏也曰官曰士曰兵令甲嚴吸食之禁今官士兩途十人而三四嗜焉兵則視主將者之寬猛以爲多寡疲者十恆八九精亦無百人不嗜者固由奉令者視爲具文亦由嗜者隨遇卽是禁不勝禁耳至於農工商賈百執事下及廝養輿臺法令所不及更不可究詰十室之邑百貨不備一燈熒然午夜求市者比比然也促生廢業耗資比匪莫斯爲甚於此而不禁如民生之垂盡何於此而議禁如法令之終窮何外洋所來旣如此其盛山陝川廣黔滇江浙諸行省又競種罌粟臺諫

釁吏惄民心之陷溺而不可救也莫不議申禁令務去根株意謂番船載來旣拘於約而不能禁矣若內地更效尤種植不且取諸宮中吸者益衆哉不知此英人所饒舌屢求圖愚我而便其私計者也夫不能禁人之不吸乃欲禁人之不種是猶肉食咸需而轉禁一毋之毹羣飮勿戒而轉嚴斗酒之酤叢雀淵魚可勝慨哉胥吏擾索猶其小也然則弛禁罌粟果善政乎曰此賈誼所痛哭流涕長太息而無可如何者也一旦天心悔禍國勢大張先禁外洋之來而後禁內地之種以與民更始夫固聖主所宵旰不忘而姑留以待者也進口以江海爲最鉅則埘近民俗淪胥益可概見粤海售非不盛逼近番市漏稅孔多自

九龍拱北二關設而數乃頓增統核各口銷數仍不符香港總數者就地銷售而外日本舊金山華人所需皆由香港往也表

各口運銷洋藥第廿一

各口運銷洋藥表

綜十一

口岸		光緒元年
江海	除轉運別口外提岸實銷	一萬六百九十九石
山海		八百九十六石
津海		三千八百八十一石
東海		二千九百六十石
宜昌		
江漢		二千三百二十五石
九江		二千二百四十六石
蕪湖		
鎮江		一萬一千七百五十八石
浙海		八千五百八石
甌海		
閩海		四千四十石
淡水		一千五百五十九石
臺灣		二千六百石
廈門		三千八百九十二石
潮海		一萬一百八十五石
粵海		九百三十八石
九龍		
拱北		
瓊海		
北海		
統共		六萬六千四百六十一石
到香港總數		八萬四千六百九十石

二年	三年
一萬一千八百八十四石	一萬二千七百三十四石
二千三百三石	一千九十八石
三千六百六石	四千二十六石
二千二百二十八石	二千一百五十二石
二千一百八十九石	二千四百七十七石
二千四十三石	一千八百五十二石
	一千一百六十一石
一萬六百四十九石	一萬七百九十九石
八千八百三石	七千九百九十一石
	三十八石
四千七十石	三千一百六十五石
一千八百五十九石	一千六百六十九石
二千六百五十九石	三千一百六十九石
三千一百五十三石	四千四十五石
一萬一千六百七十九石	一萬一千六百二十二石
四百五十石	三百二十四石
五百二十石	七百二十五石
	六石
六萬八千四十二石	六萬九千三十二石
九萬六千九百八十五石	六萬四千二百石

四年	五年
一萬四千七百三十五石	一萬七千一百二石
一千二百二十三石	二千四百五十三石
四千七石	五千一百八十一石
三千四百二十七石	三千五百三十六石
一石	
二千一百四十二石	三千二百九十四石
一千六百五十三石	二千一百五十三石
二千三百八十一石	三千一百四十一石
一萬九百五十七石	一萬一千九十七石
七千二百五十二石	七千六百六十七石
十四石	六十一石
四千二十五石	四千二百七十三石
一千八百四十八石	二千一百六十五石
二千八百五十三石	三千三百八十七石
三千五百八十六石	四千六百三十石
九千五百九十六石	一萬六十三石、
七百七十一石	一千一百九十四石
一千二十一石	一千一百八十石
	四百二十石
七萬一千四百九十二石	八萬二千九百二十七石
九萬四千八百九十九石	十萬七千九百七十石

六年	七年
一萬三千三百九十六石	一萬三千九百五十一石
二千一百八十六石	四百四十六石
三千二百十九石	三千四百二十一石
二千四百二石	一千七百五十九石
	二石
二千九百五十四石	三千九百二十三石
二千二百九十石	二千七十五石
三千四百三十二石	三千五百二十石
一萬二百九十二石	一萬三百六十七石
六千二百五十八石	八千六百二十八石
五十四石	一百九十石
四千二百一石	四千七百八十四石
二千一百四十九石	二千一百四十二石
三千六百四十七石	三千七百三十九石
五千七百五十七石	八千一百七十七石
八千七百六十石	四千六百六十五石
六百四十二石	二百十一石
一千三百三石	一千三十四石
一千三百四十六石	九百七十一石
七萬三千二百八十八石	九萬四千五石
九萬六千八百三十九石	九萬八千五百五十六石

八年	九年
一萬四千六百三十石	一萬三千五百九石
四百六十九石	三百九十石
二千五百八石	二千四百五十一石
一千一百二十四石	八百八十三石
三千二百二十二石	三千四百八十五石
一千六百六十二石	一千六百十八石
二千八百二十五石	三千五百十七石
一萬二百五十九石	一萬一千五百十四石
七千九百六十三石	七千九百六十三石
一百八十一石	一百一石
四千二百二十五石	四千三百六十四石
一千五百八十四石	一千二百六十五石
三千十二石	二千七百五十二石
八千七百六十二石	八千五百五十六石
三千六百六十七石	四千三百七十七石
十七石	五百三十石
七百四十八石	八百七十八石
五十石	十五石
六萬六千九百八石	六萬八千一百六十八石
八萬五千五百六十五石	九萬四千三百六十石

十年	十一年
一萬一千七百十九石	一萬一千二百七十四石
二百六十五石	二百六十五石
二千一百九十一石	一千九百三十六石
八百五十二石	四百二十一石
三千八百八十一石	二千四百八十石
一千五百四十八石	一千八百七十石
三千六百十六石	四千八百五十三石
一萬九百石	八千三百一石
七千五百四十二石	七千八百六十六石
八十二石	二十一石
四千七十一石	四千四百七石
一千二百七十石	一千四百三十六石
二千三百八石	二千三百三十九石
九千八百九十六石	九千六百十石
四千三百九十七石	三千八百八十八石
二千九百九十九石	二千七百六十一石
一千一百六十六石	一千四十八石
七十二石	
六萬八千八百九十石	六萬五千二百五十九石
八萬六千一百六十三石	九萬三千二百九十石

十二年	十三年
一萬三千二百二十九石	一萬七千九十九石
二百八十七石	二百十六石
二千七十一石	一千八百二十石
七百一石	六百八石
一石	
一千三百四十二石	一千二百六十四石
二千四百九十三石	三千十七石
五千七百五十一石	四千四百四十七石
六千七百六十三石	六千五百八十四石
八千二百四十三石	四千三百八十九石
二十五石	六十四石
四千七百四十七石	四千九百三十三石
一千六百三十三石	一千六百二十二石
二千九百十三石	二千六百二十六石
七千七百六十八石	六千三百六十三石
六千七百十四石	六千三百九十七石
一千七十石	七千七百二石
	一千五百二十三石
	一千三十一石
一千九百十六石	一千三百九十六石
一百三十四石	七百七十四石
六萬七千八百一石	七萬三千八百七十七石
九萬六千一百六十四石	八萬九千三百六十九石

進口雜貨衰旺表

雜貨進口厥類繁多關冊所載亦四十餘名（丙戌以前大約不出三十四類丁亥關冊增十餘類）焜燿市廛適我用而投我好甚矣西人之善謀利也日本步武泰西分厥奇羨絲茶綢緞則又取我法以攘我利中國雖富亦安能任東西交朘百年不敝哉所來各貨其昔衰今旺昔無今有者類皆物精價廉華人所嗜（二年來自來火進口漸少或上海設局製造之故）又南洋物產宏富爲彼所擅（如燕窩椒木之類）駸駸乎其未有艾而謂中國可膜視商政不加理董哉至若約章所載進口免稅各物初因品物不多無關稅額又皆彼中日用無預華人不予征科以示曲體遠人之至意詎向之專供旅用者今則視爲利途

非無司關者稍與爭持而總稅務司動加駁斥洋鞾鞋玻璃器鐵刀利器均有案商利關稅交受其侵又若同一紙也墨也金銀器也氊毯也衣服也蜜餞也煙葉煙絲也皆出口有稅進口則免中外互市貴取其平免則均免稅則均稅苟取舊章而更定之酌一進出皆稅之則堅持定論彼必無詞況我國免稅各物大半為日本稅則所不免何西人於日本則甘於輸將於中國則每形崛強折而服之夫固未可遲遲矣表進口雜貨衰旺第十二十三

表首棉花煤白赤糖油魚靛糧食麪粉酒顏料十一類皆有進口又有出口合兩表觀之衰旺以見至其名同而種異種同而用異以及產有豐歉物有美惡又可因此推究焉丙戌前煤

油坩油類丁亥析出刖爲類丙戌前鮑魚蝦米自爲類丁亥坩人魚類丙戌前赤白糖分列丁亥併赤白冰爲一類凡此皆關冊分合無定處今擇善而從又舉一二以見例焉

凡物之來自香港者皆以洋貨論故粵產有列入進口者

自來火以百四十四匣爲一各羅斯

鋮以千根爲一密力

煤油以一木箱二鐵箱爲一加倫加倫者英國流質量名也容積二百七十七立方英寸强卽部尺一百五十三立方寸又六分四釐依會典嘉量容積率推之每加倫爲六升一合四勺有奇

煤以二千二百四十磅爲一頓頓者西國計重物衡名也英約四云中國一擔卽一百斤者以英國一百三十三磅零三分之一爲準推得一磅爲中國十二兩一頓爲一千六百八十斤

進口雜貨衰旺表

綜十二

貨名		光緒元年
棉花	貨	十六萬九千六百七十五石九十九斤
	價	一百十九萬四千四百七十八兩
煤	貨	十四萬三千二百七十九頓
	價	九十六萬九千一百九十九兩
白糖	貨	二十萬九千一百三十四石五十六斤
	價	九十五萬八千八百九十六兩
赤糖	貨	四十四萬五千四百九十石二十斤
	價	一百九萬七千六百六十九兩
油各樣	貨	
	價	二十五萬五千九百十六兩
魚介海味	貨	三十萬九千三十四石三十四斤
	價	五十五萬五千八百三十四兩
靛土水	貨	四萬四百四十六石五十八兩
	價	十六萬一千一百五十八兩
糧食	貨	
	價	
麪粉	貨	
	價	
酒	貨	
	價	
顏料	貨	
	價	
燕窩	貨	七百九十一石四十一斤
	價	五十三萬一千六百九十六兩
魚膠	貨	五千七百五十九石九十七斤
	價	十四萬四千九百八十三兩
海帶海菜	貨	二十六萬七千三百三十四石九十斤
	價	五十七萬七百三十七兩
海參	貨	二萬二千一百十石二十三斤
	價	三十八萬五千二百五十一兩
煤油	貨	
	價	
染料	貨	
	價	

二年	三年
二十三萬六千九百十七石七十四斤 二百二十五萬一千四百十七兩	十五萬四千八百九 一百四十六萬三千
十二萬七千五百六十五頓 七十二萬九千四百二十二兩	二十萬二千三百九 一百八萬四千二百
十四萬一千八百五十六石九十二斤 六十一萬八千五百四十九兩	十六萬五千二百八 九十一萬六千四百
二十四萬八千三百三十五石五十斤 五十五萬四千八百二十八兩	十九萬九千八百四 六十九萬七千八百
二十六萬九千百十五兩	十萬二千七百五十
八萬九千八十八石六十斤 六十八萬七千三百二十五兩	八萬六千九百六十 七十五萬四千三百
二萬五千七百十九石十九斤 十萬三千一百八十八兩	三萬六千八百九十 十三萬八千二百八
九千三百三十一石十七斤 一萬一千三十二兩	四萬八千四百十七 七萬二千二百五兩
六百四十九石四十四斤 四十三萬八千三百六十二兩	六百九十二石九十 四十三萬二千五百
七千四百三十五石四十七斤 十八萬七千七百七十三兩	七千七百五十九石 十九萬一千五百六
二十九萬六千八百二十三石六十八斤 六十萬九千三百九十六兩	二十五萬三千三百 五十二萬五千五百
一萬九千一百五十五石一斤 三十四萬八百二十兩	二萬三十一石四斤 四十三萬二千五百

	四年
十二石九十斤 五百五十四兩	十萬六千二十六石六十五斤 九十七萬四百九十五兩
頓 四十二兩	二十萬三千七百四十六頓 一百十四萬六百七十九兩
十九石九十五斤 四十五兩	一萬二千八百十五石九十斤 七萬五千二百五兩
十五石五斤 二十三兩	一萬八千一百七十二石九斤 六萬二千四百十八兩
六兩	三十九萬一千八百九十兩
三石十一斤 八十九兩	十五萬一千九百四十四石六十四斤 一百三萬八千三百九十二兩
六石二十八斤 兩	四千四百九石八十二斤 一萬七千五百九十四兩
石三十四斤	二十九萬七千四百五十四石十六斤 四十五萬一千四百四十七兩
一斤 四十九兩	七百六十二石八十三斤 五十八萬九千六百七十八兩
二十五斤 十六兩	六千一百五十九石三十斤 十五萬三千八百五十三兩
九十二石一斤 十兩	三十三萬三千八百六十三石三十四斤 七十三萬九千四百七十五兩
四十九兩	二萬三千八十九石三十八斤 四十二萬六千八百三十八兩

五年	六年
十七萬五千五百三十四石七十四斤 一百五十五萬三千六百九十三兩	八萬七千四百八十 九十萬三千八百二
十七萬五千七百六十三頓 八十萬二千九百五十六兩	二十一萬四千四百 九十六萬八千三百
二萬二千八百八十九石六十斤 十三萬四千四百五十三兩	三萬四十一石四十 十八萬一千五十八
二萬二千五百五十六石十斤 八萬一千五百兩	二萬七千三百四十 九萬八千四十五兩
五十一萬二千七百六十八兩	四十一萬一千六百
十一萬七百三石十一斤 九十萬二千五十八兩	十一萬五千一百三 九十四萬七千九百
三千一百四十九石六十九斤 一萬四千二十兩	一千九百六石三十 八千一百四十七兩
十四萬四千五百二十四石十五斤 二十萬三千二百七十五兩	二萬六千一百七十 四萬三千八十兩
七百七十四石三十八斤 四十五萬九千六百八十一兩	六百五十四石九十 四十一萬七千七百
八千五十六石八十斤 二十萬三百九十八兩	九千八百六十七石 二十五萬六十八兩
四十四萬三千七百九十五石九斤 九十五萬八千二百十七兩	四十三萬九千九百 七十九萬五千四百
一萬九千六百六十六石九十三斤 三十八萬三千五百八十兩	一萬九千八百十九 四十七萬四千五百

	七年
六石八斤 十二兩	十三萬七千八百六十八石八十一斤 一百四十八萬七千一百六十二兩
二十一頓 三十七兩	二十五萬二千七百二十六頓 一百三十萬九千九十五兩
六斤 兩	二萬一千八百八十一石三十一斤 十一萬九千八百八十五兩
石九十五斤	一萬三千八百五十八石七十一斤 四萬四千二百十九兩
十二兩	四十九萬四千八百七十一兩
十四石五斤 二十九兩	十五萬一千九百三十四石二十三斤 一百九萬四百三十五兩
九斤	四千九十四石九十四斤 一萬五千二百七十一兩
二石七十一斤	四萬八千四百二十一石八十九斤 五萬六千一百三十兩
四斤 三十九兩	八百四十二石五斤 五十萬七千七百六十五兩
五十一斤	八千四百三石六十九斤 二十一萬二千五百四十三兩
八十四石五十七斤 兩	三十八萬八千一百三石七十四斤 七十四萬七千二百二十四兩
石十四斤 二十九兩	二萬七千三十四石十五斤 六十一萬六千六百七十六兩

八年	九年
十七萬八千四百七十八石三十七斤 一百九十一萬六千七百三十四兩	二十一萬一千三百 二百十萬三百兩
二十五萬三千九十九頓 一百二十一萬九千六百八十五兩	二十四萬一千八百 一百十八萬四千三
二萬五千九百五十三石十七斤 十八萬二千一百三十八兩	三萬九千四百十五 二十九萬六千百七
五萬九百五十七石七十六斤 十八萬七千三百九十二兩	六萬四千六百二十 二十五萬二千二百
九十六萬三千六百五十七兩	七十萬一千五百三
十三萬六百五十四石五十一斤 九十六萬六千六百七十一兩	十五萬二千四百一 一百十一萬七千六
七千三百六十石四十七斤 二萬八千四百三十一兩	三千八百三十四石 一萬四千八百六十
八千三百六十三石三十二斤 一萬三千五百四十兩	三十五萬四千二百 四十六萬四千二百
八百六十石九十四斤 五十五萬三千一百十六兩	七百二十石六十一 三十八萬三百二十
五千八百七十九石四十八斤 九萬一千四百三十兩	六千三百石六十八 九萬三千五百五十
四十萬一百六石二十七斤 一百三十四萬四千一百五十九兩	三十三萬九千三百 一百三萬七十四兩
二萬六千一百七十九石九十二斤 六十三萬五千五十五兩	二萬八千二百三十 五十八萬八百三十

	十年
五石九十四斤	十八萬七千一百五石五十斤 一百七十八萬四千四百五十一兩
七十頓 百六十兩	二十六萬三千三百七十八頓 一百四十九萬二千五百五十二兩
石二十六斤 十四兩	五萬六百七十三石五十六斤 二十八萬二千九百二十六兩
九石八十斤 二十七兩	五萬九千七百三十六石三十五斤 十五萬七千八百五十八兩
十三兩	八十二萬六千六十五兩
石五十三斤 百六十五兩	十三萬五千二百六十七石十斤 一百四萬五千六百三十九兩
十四斤 六兩	一千三百四十九石八斤 六千七百五十四兩
六十九石二十一斤 四兩	十一萬一千三百二十四石三斤 十五萬五千八百兩
斤 三兩	五百五十八石六十四斤 三十五萬八千五百八十三斤
斤 三兩	九千二百五十一石七十五斤 十四萬二千六百十九兩
四十二石四十一斤	三十二萬九千五百十一石二十五斤 七十七萬六千七百十六兩
九石四十六斤 四兩	二萬二千二百三石六十五斤 四十七萬五千二百六十六兩

十一年	十二年
十三萬一千四百四十七石四十斤 一百二十九萬八千七兩	九萬四千三百八十 八十二萬五千六百
三十萬一千九百三十二頓 一百七十三萬五千三百七十五兩	三十一萬九百八十 一百七十九萬八千
七萬三千五百六十六石三十斤 三十九萬二千四百兩	五萬九千七百三十 三十六萬四千七百
四萬五千四百八十八石四十一斤 十萬六千一百九十兩	五萬八千六百二石 十七萬五千八十九
一百七十萬三千八百五兩	二百二十一萬五千
十六萬二千四百十八石九十六斤 一百二十萬五千九百四十一兩	十六萬四千五百五 一百四十四萬八千
四千八十六石三十六斤 一萬九千三百二十二兩	九千一百十九石二 四萬四千六百一兩
十四萬七千六百十七石一斤 二十萬四百三十九兩	十三萬一千八百九 十八萬七千四百二
七百九十八石十五斤 四十八萬五千九百八十二兩	七百十九石三十七 四十七萬三千七百
一萬六百三十九石九十一斤 二十萬四千三百八十二兩	二萬三千六百九十 四十六萬八千一百
四十三萬三千五百八十四石九十斤 八十九萬四千二百三十三兩	四十九萬一千四百 一百五萬六千七百
二萬八千五百四十七石十斤 五十二萬九千三百三十一兩	三萬一千五百十 五十九萬二千八十

（右欄，殘）	十三年
二石二十一斤 二十四兩	十七萬三千七百二十八石十八斤 一百四十三萬三千二百三兩
八頓 九百五十六兩	三十萬四千五百四十二頓 一百八十一萬八千五百七十七兩
五石四十六斤 八十五兩	二十七萬一千七百十八石九十斤 一百十九萬九千一百六十二兩
五十七斤 兩	
二十七兩	九千五百二十五石六十六斤 十二萬七百六十三兩
十六石三十八斤 四百五十五兩	二十三萬四千四百二石九十二斤 一百九十四萬七千七百十八兩
十四斤	一千五百六十八石三十三斤 六千三百六十兩
十六石一斤 十九兩	
一	一 五十六萬七千二百十四兩
	三十九萬九千三百七十六把 十六萬三千八百五十二兩
	一萬二百石六十八斤 四萬二千一百八十一兩
斤 三十二兩	八百四十石六十一斤 五十三萬六千三百十九兩
六石五十斤 六十六兩	一萬三千三百九十三石八十六斤 二十二萬五千四百七十兩
六十四石五十七斤 八十兩	四十二萬八千三十五石六十四斤 九十六萬九千十兩
五石五十四斤 六兩	三萬五千五百七十四石九十三斤 六十八萬一千一百八十五兩
	一千二百一萬五千一百三十五加倫 一百三十六萬四千七百九十三兩
	八十三萬九千五百三十四兩

進口雜貨衰旺表

貨名		光緒元年
米	貨	八萬四千六百十一石八十六斤
	價	十萬六千七百七十三兩
人參各樣	貨	二千九百四十一石十五斤
	價	八十五萬八千一百八十六兩
椒黑白	貨	六萬六千二百八十石二十九斤
	價	五十二萬七千八百三十二兩
檳榔	貨	二萬九百九十六石七十斤
	價	六萬二千五百九十兩
丁香	貨	一萬七百十八石五十斤
	價	二十一萬二千五十六兩
蘇木	貨	十六萬五千十一石六十三斤
	價	三十七萬三千六百九十二兩
自來火	貨	三十二萬六千八百六十三各羅斯
	價	十八萬六千四十兩
鍼	貨	八十二萬三千六百二十五密力
	價	十二萬七千五百五十八兩
玻璃	貨	四萬二千二百四十六箱
	價	十一萬四千七百六十七兩
檀香	貨	八萬八百十石七十五斤
	價	三十九萬一千五百七十八兩
木桅木板	貨	
	價	三十八萬九千一百三十九兩
梗木香木	貨	
	價	十一萬四千五百五十九兩
機器	貨	
	價	
自鳴鐘	貨	
	價	
日本絲	貨	四百二十六石四十斤
	價	六萬八千六百九十四兩
日本綢緞	貨	六石七十四斤
	價	三千四十八兩
日本茶	貨	九千三十七石七十八斤
	價	三萬八千八百三十五兩

二年	三年
五十七萬六千二百七十八石九十九斤 六十六萬四百七十八兩	一百五萬二千九百 一百五十九萬七千
三千八十九石九十六斤 九十八萬九十六兩	二千九百九十四石 一百萬四千九百五
四萬九千二百五十七石九斤 三十一萬八千九百三兩	五萬三千八百四十 三十四萬七千六百
五千四十六石三斤 一萬六千六百三十四兩	八千三十五石十一 二萬五千一百四十
一萬二千三百八十石五十二斤 二十五萬五千二百一兩	六千三百三十六石 十五萬七千四百十
十二萬七百石六十一斤 二十七萬八千五百九兩	九萬七千四百石八 十九萬五千九百十
四十六萬三千五百五十五各羅斯 二十六萬九百四十七兩	五十五萬九千一百 二十八萬八千五百
六十八萬五千二百八十五密力 十萬五千五百二十九兩	九十萬二千八百三 十五萬八千九百三
三萬三千二百十九箱 八萬七千四百三十九兩	二萬七千九十二箱 十四萬八千二百三
十萬九千八百五十七石二十四斤 五十四萬四千六百七十兩	七萬二千九百三十 三十三萬四千七百
五十六萬四千三百二十六兩	六十萬九千九十五
十萬五千八百七十九兩	二十三萬一千八百
三百六十一石六十二斤 八萬二千六百九十四兩	九十六石四十三斤 一萬三千八兩
三石九十二斤 一千七百六十四兩	九百三十四石 四千七百九十七兩
一萬二千一百九十一石四斤 九萬四千三百三兩	一萬二千四百二十 四萬一千六百四十

四年	
二十九萬七千五百六十六石八十一斤 五十二萬七千四百六十八兩	九十四石一斤 三百兩
三千五百三十二石六十九斤 九十九萬八千三百三兩	六十一斤 十九兩
四萬七千一百五十一石四十二斤 二十八萬四千七百七十四兩	四石九十二斤 四十兩
四千五百二十五石八十七斤 一萬三千五百八兩	斤 一兩
三千九百四十一石五十九斤 十一萬二千五百五十二兩	二十斤 七兩
十三萬二千五百三十四石九十一斤 三十八萬八千八百四十一兩	十一斤 二兩
九十二萬九千九百六十九各羅斯 四十三萬三千一百十兩	十七各羅斯 六十九兩
六十八萬一千一百五十三密力 九萬七千九百三十七兩	十七密力 十七兩
五萬五千六百十五箱 十一萬七千七百四十一兩	十三兩
六十九萬二千二百二十四石六十四斤 二十五萬一千六百六十八兩	四石七十二斤 十五兩
七十五萬二千八百二十八兩	兩
十六萬六千九百六十七兩	十七兩
二百四石六十六斤 一萬六千八百六十六兩	
六千七百七十七兩	
三千九百二十三石六十斤 二萬四千六百十兩	五石四十四斤 二兩

五年	六年
二十四萬八千九百三十八石五十五斤 三十三萬三千七百九十六兩	三萬四百三十二石 四萬三千五百十七
三千五百八十五石六十五斤 九十七萬六千四百二兩	三千六百十四石三 四千五萬一千七百
五萬三千三十六石五十四斤 三十一萬五千七百二十七兩	三萬六千八百四十 二十五萬五千三百
一萬五千四十四石八十三斤 五萬八千六百二十九兩	三萬四千一百三十 十三萬七千九百九
五千五百三十八石三十三斤 十七萬五千七百三十一兩	七千五百三十石三 二十一萬一千二百
十四萬一千五百五十七石八十五斤 三十二萬二千九百九十六兩	八萬五千九百八十 十八萬六千四十四
一百二萬七千十各羅斯 四十一萬四千六百七十九兩	一百四十一萬九千 五十八萬二千五百
八十九萬二千二百三十六密力 六十萬二千五百九十兩	一百九十三萬三千 三十一萬四千六百
三萬二千四百五十六箱 七萬六千八百八十七兩	五萬五千九百六十 十二萬六千九百二
八萬三千八百十七石八十二斤 二十九萬六千五百十七兩	七萬三千二百六十 二十六萬九千三百
五十四萬九百六十四兩	五十九萬一千八百
二十萬六千十兩	十三萬三千三百九
一百五石八十六斤 一萬六千五百六十六兩	一百石二十斤 一萬二千四百五兩
十三石七十八斤 六千一百八十七兩	五十六石六十四斤 五千三百七十二兩
七千九十二石九十七斤 三萬五千九百五十兩	五千三百八十三石 三萬六千三百六十

	七年
六十四斤 兩	十九萬七千八百七十七石三十六斤 二十四萬七千六百四十兩
卄七斤 三十七兩	三千六百七十六石十三斤 五十二萬六千一百二十七兩
石二十五斤 七十三兩	五萬六千四百六十石七十四斤 四十五萬九千七百五十兩
八石三十六斤 十九兩	一萬八千六百四十九石四十斤 八萬六千五十兩
十九斤 十四兩	九千一百九十石一十斤 二十二萬九千八百五十二兩
六石三十斤 兩	十二萬二千六百九十石二十七斤 二十六萬二千三百六十四兩
五百四十各羅斯 四十五兩	一百七十萬六千四百八十各羅斯 七十四萬六千九百六十九兩
九百四十四密力 十兩	二百一萬一千六百一密力 三十三萬四千九百六十九兩
七箱 十二兩	五萬五千二百二十七箱 十二萬五千七百四十二兩
四石二十三斤 九十八兩	十萬八千二百六十一石七十斤 三十八萬八千六百五十一兩
三十六兩	七十八萬七千三百三十八兩
十一兩	二十二萬四百四十兩
	六十二石九十八斤 一萬四千一百五十四兩
	十四石六斤 八千十兩
五十七斤 八兩	七千五百五十九石七十三斤 四萬四千 百九十三兩

八年	九年
二十三萬三千一百四十九石四十九斤 二十八萬八千二兩	二十五萬三千二百 三十三萬三千四百八
四千七百三十一石四十七斤 七十六萬三千六十五兩	三千四百九十九石 七十三萬八千五百
三萬七千六百九十一石五十七斤 二十九萬七千八百八十二兩	三萬一千一百八十 二十七萬一千四兩
一萬五千十五石七斤 七萬五千九百九十四兩	一萬二千二十四石 五萬八千四百二十
六千三百五十石八十二斤 十八萬五百三十七兩	七千九百八十七石 二十五萬五百八十
十六萬三千四百八十三石二十八斤 三十七萬三千六百八十五兩	十三萬三千五百五 三十三萬六千七百
一百九十萬四千六百二十九各羅斯 八十五萬二千五百九十六兩	一百三十七萬一千 六十萬二千二十三
一百八十五萬三千六百三十七密力 二十八萬五千六百八十二兩	一百五十四萬七千 二十萬九千十九兩
四萬三千九百二十八箱 九萬六千五百六十三兩	八萬六百八十三箱 十七萬九千一百二
十三萬三千三百二石二十六斤 六十一萬二千二百十七兩	八萬二千一百三十 五十一萬二千九百
九十七萬四千一百四十二兩	七十五萬三千九百
二十二萬一千三百六十六兩	十萬四千六百二十
五十四石六十五斤 五千四百四十八兩	三十三石五十九斤 四千九百十四兩
二十石八十九斤 六千七百二十五兩	五石二十九斤 五千二百八十七兩
一萬七千五百七十四石三十九斤 八萬七千九十五兩	九千四百三十九石 三萬五千五百三十

十一年	十二年
三十一萬六千九百九十八石九十斤 四十六萬六千六百二十四兩	五十一萬八千四百 八十九萬四千二百
三千八百四十七石七十二斤 七十八萬三千三百四兩	二千三百九十八石 五十八萬二千五百
三萬七千九百五十三石五十五斤 五十二萬七千五百二十兩	二萬七千九百七十 四十二萬八百十二
二萬六百十四石十四斤 九萬五千一百十七兩	三萬八百十六石六 十七萬五千三百九
一萬二千三百八十九石四十三斤 三十一萬三百五十二兩	一萬二千六百六十 三十一萬八千一百
八萬九千一百八十石九十斤 十八萬九千七百七十九兩	八萬六千二十六石 十七萬一千四百三
二百四十四萬六百三十三各羅斯 一百二萬六千六百四十四兩	一百九十七萬三千 八十萬四千八百三
一百七十六萬二千九百四密力 二十六萬九百八十二兩	一百九十七萬五千 二十七萬三千一百
七萬八百十四箱 十六萬五千七百八十九兩	七萬九千九十九箱 八十萬五千七百四
八萬六千一百十四石十斤 六十五萬四千八百四十三兩	八萬三千六百石八 六十一萬九千七百
六十七萬八千四百六十二兩	七十一萬五百五十
九萬四千七百一兩	二十一萬八千六百
五十六石二十斤 八千五百九十九兩	一百三十七石六十 二萬三千六百三十
十一石二十三斤 六千四百七十四兩	十二石三十斤 六千六百五兩
四千二百二十二石二斤 二萬五千二十兩	七千七百四十六石 四萬六千九十三兩

	十年
十石七斤 十五兩	十五萬一千九百五十二石十二斤 二十萬二千三百五十九兩
三十八斤 四十三兩	三千四十石七十四斤 六十萬二千七百八十九兩
石四十五斤	三萬六千七百十八石二十六斤 三十五萬七千九百四兩
四十二斤 三兩	一萬二千三百七十三石七十七斤 六萬九千五百九十六兩
九十三斤 八兩	一萬四千一百五十一石四十七斤 二十九萬四千二兩
十四石二十斤 五十七兩	八萬七千四百九十八石七十九斤 十九萬四千二百三兩
六百九十八各羅斯 兩	一百十九萬八千九百十二各羅斯 七十一萬七千四百三十二兩
九百八十四密力	一百七十一萬一千八百五十八密力 十九萬八百六十八兩
十一兩	三萬一千八百七十三箱 七萬四千四百六十七兩
六石五十九斤 四十九兩	五萬三千四百三十七石六十九斤 三十二萬七千四百一兩
十二兩	三十五萬五千一百六十五兩
二兩	九萬一千七百九十兩
	四石六十七斤 一千二百四十一兩
	九石七十四斤 五千五百四十兩
九十一斤 六兩	四千四百十七石八十四斤 二萬四千九百七十三兩

十三年	
一百九十四萬四千二百五十石六十六斤 二百七十五萬六百五十四兩	四十七石七十五斤 六十二兩
三千一百七十九石九十三斤 七十二萬七千一百九十五兩	六十五斤 八十八兩
三萬六千四百十五石九十五斤 五十六萬一百三十一兩	二石五十五斤 兩
四萬五千四百三十五石七十六斤 二十二萬五千九百七十兩	十一斤 十六兩
一萬三千二百八十八石二十二斤 三十七萬九百八十二兩	九石十斤 五兩
八萬七千九百三十石三十一斤 十八萬八千一百七十兩	四斤 十五兩
二百二十七萬六千八百六十三各羅斯 六十七萬二千一百七十五兩	七百三十一各羅斯 十六兩
二百二十七萬三千三百五十六密力 三十一萬七百三十二兩	八百二十五密力 四十八兩
八萬五千二百六十三箱 十八萬九千三百七十四兩	十九兩
七萬五千四百三十二石二十四斤 四十八萬八百四十八兩	十九斤 七十二兩
五十八萬五千三百四十七兩	八兩
二十八萬三千三百八十三兩	三十六兩
三十九萬八千四百七兩	
八萬八千五百八十六箇 二十二萬五千八百八十五兩	
	九斤 一兩
一萬六千九百三十六石八十一斤 八萬四千六百六十二兩	五十斤

出口雜貨衰旺表

出口雜貨之載於關冊者爲目五十其畸零而不恆有者又以雜貨括焉外洋所需於我者絲茶而外歲逾百萬金者草帽緶赤白糖數者而已爆竹及紙於十三年始增至百萬外大黃昔與茶並重今則多不逾三十萬金磁器當乾隆朝已盛行而癸未以後出口大減十三年出口磁器復增至百萬外則日本新磁奪之利也日本明治十八年乙酉磁器來中國者價十萬二千餘元往英者十六萬五千餘元往法者八萬餘元往美者十一萬八千餘元禽之羽獸之毛組織所資而爲數不鉅藥材乃西人所重類皆產自山谷非人力所能驟增外此大都視同玩好非必切於日用爆竹書紙之屬或半爲華人居外洋者所需而非彼族必不可少之物歟衣服

韡鞋更無論矣二物出口遞加見出洋華民之歲增亦見寓洋華民之能不忘本綜而核之華人商利究在絲茶於他物固速宜講求於絲茶更亟需整頓然而取于以時而息財富智者有取焉計然知物必曰時用朱公治產必曰任時子長孟堅於貨殖一傳時之為義均致意焉則凡關冊所載稅則所登何莫非今時所尚稽足功用惟其備備物致用以為利因留心國是者所當因時而制宜也更推而廣之如蘇杭衔繡之工甯波雕鏤髹漆之工甯波網罟之精為地球各國所推重考美人茅爾賚地志云漆昔比充海灣魚蜃之利通國賴之歲易之金與開里弗尼亞金礦相埒按開里弗尼亞即舊金山魚利既如此其鉅中國網罟又如此其出己宜講求搜捕開一利源以及各處仿製古器編織草器出口雜貨切磋骨角以人力勝而向為外人所豔稱者何在不

可投其好而擅其利凡彼所需於我者法司市之利者使阜我所需於彼者法司市之亡者使有固非區區數十種類所能盡也表出口雜貨衰旺第十四十五十六

棉花以下十一類說見前表丁亥冊有草帽千餘萬頂價九萬六千餘兩坿誌於此○地席坿席類雞鴨毛坿毛類仍用前例不分列

出口雜貨衰旺表

貨名		光緒元年
棉花	貨	三萬一千六百十石三十五斤
	價	三十二萬二千五百六十九兩
煤	貨	七十石
	價	一百四十二兩
白糖	貨	十二萬八千六百四十九石九十四斤
	價	五十三萬六千二十三兩
赤糖	貨	四十二萬七千二百九十八石六十二斤
	價	九十萬五千一百四十兩
油各樣	貨	二千九百九十三石四十四斤
	價	一萬五千二百三十一兩
魚乾鹽	貨	六千五百五十九石九十二斤
	價	七萬七千四百一兩
靛土水	貨	一千七百三十六石七十三斤
	價	五千五百二十七兩
糧食	貨	
	價	
麵粉	貨	四千二百二十四石四十一斤
	價	四千九百十九兩
酒	貨	
	價	
顏料	貨	一千一百十八石三斤
	價	二萬六百九兩
冰糖	貨	三萬七千六十二石五十五斤
	價	十六萬八千十六兩
果品	貨	四萬二千七百八石九十五斤
	價	六萬一百四十九兩
食物	貨	六萬一千五百九十二石三十二斤
	價	八萬四千五百九十八兩
蜜餞	貨	一萬三千二百二十七石二十二斤
	價	十一萬一千八百八十七兩

綜十四

二年	三年
四萬二千九百七十六石八十九斤 三十九萬三千五百八兩	三萬三千二百十六 三十二萬九千七百
一萬一千三百四十三石六十斤 六千五百二十六兩	一千二百六十三頓 七千九十三兩
三十五萬一千五百六十一石七十四斤 七十六萬七百三十五兩	三十七萬二千四百 一百五十八萬四千
八十九萬二千八百五十七石八十二斤 一百四十五萬四千八百七兩	八十七萬二千九百 一百九十七萬十九
一千八百九十六石六十九斤 八千八百七十四兩	五千十九石四十五 二萬六千三百八十
八千三百四十一石六十六斤 八萬二百十九兩	六千七百十石七十 六萬六千五百六十
四千三百十五石六十一斤 一萬六千三十七兩	七百二十九石十九 七千一百八十二兩
五萬六千一百七十石五十七斤 五萬八千二百八十三兩	三萬一千六百八十 三萬五千七百四十
六千四百十九石二十一斤 七千六百三十九兩	五千三百六十三石 六千七百六十二兩
一千八十二石五十斤 二萬五千三百四十一兩	一千四百九十二石 一萬七千三百八十
一萬九千二十六石十三斤 十萬八百五十九兩	二萬八千八百八石 十六萬六千七十四
五萬七千四百九十一石五十一斤 七萬五千一百一兩	四萬七千四百四十 七萬六千三十二兩
八萬九千三百七十三石三十五斤 十二萬一千六百二十八兩	六萬一千八百三十 十五萬八千二百九
二萬九千三百七十三石三十五斤 十六萬四千五百二十五兩	一萬六千三十九石 三十萬五千四百七

	四年
石四十斤 八十一兩	二萬三千三百十石八十斤 二十三萬六千八百十七兩
十六石六十一斤 四百一兩	十五萬五千八百九十石九十斤 七十一萬三千五百二十五兩
二十一石九十四斤 兩	四十萬五千三百五十九石六十六斤 一百萬四千六百八十八兩
斤 三兩	一萬七十九石六十斤 五萬一千七百九十二兩
八斤 七兩	六千八百九十六石二十九斤 八萬八千五百四兩
斤	一千四十七石七十三斤 九千七百六兩
四石六十五斤 一兩	五萬五千八百三十九石八十六斤 六萬六千四百五兩
六十七斤	一萬三千七百八十一石九十二斤 一萬五千六百二十三兩
十四斤 三兩	一千二百八十九石三斤 一萬六千八百十七兩
三十六斤 兩	二萬三千九百九十七石二十五斤 十四萬六千五百四十三兩
四石六十斤	八萬三千一百七十七石八十二斤 九萬四千二百九十三兩
四石二十三斤 十兩	五萬四千五百四十二石一斤 六萬四千十八兩
二十一斤 十兩	一萬五千四百七十七石七十九斤 十二萬九千三兩

五年	六年
一萬二千三百六十一石六十三斤 十二萬三千二百四十八兩	一萬八千七十七石 十八萬七十一兩
四千四百六十八石八十斤 五百五十四兩	一百六十一石二十 三十四兩
十五萬三千三百四十五石九十三斤 七十四萬二千六百二十兩	十四萬六千七百四 六十五萬三千一百
五十五萬一千四百八十四石九十二斤 一百三十三萬九千七百五十八兩	一百六萬五千九百 二百四十五萬二千
一千三百二十石八十九斤 九千二百九十五兩	三千六百九十二石 七萬二百九十五兩
八千六百六十六石三十三斤 九萬三百八兩	八千六百五十六石 八萬七千一百九十
四千二百五十四石二十四斤 一萬四千四百六十兩	二千八百四十六石 一萬三千七百六十
十八萬二千六百十九石四十斤 十八萬四千九百一兩	十三萬四千九百二 十一萬六千四百四
二萬一千五百五十八石五十斤 三萬六百七十九兩	一萬四千三百六十 二萬三千二百七兩
二千三百八十九石七十六斤 一萬六千五百十兩	六百七十六石七斤 三千一百九十六兩
二萬二千五石六斤 十四萬一千五百四兩	二萬五千四百六十 十五萬八千七百三
六萬六千五百九十九石五十斤 八萬七千五百十一兩	七萬三千七百二十 九萬二千九百三十
六萬五千三百五十一石二十七斤 六萬三千八百三十兩	六萬二千八百四十石 七萬八千七百二十
一萬七千二百十一石 十四萬三千四百五十一兩	二萬四千三百五十 二十萬五千一百六

	七年
四十七斤	二萬二千九百八石十四斤 二十二萬八千七十六兩
六斤	一千四百七十八石四十斤 三百八兩
十六石一斤 二十七兩	十七萬三千四百八十七石四十六斤 七十二萬一千二百五十四兩
八十一石七十二斤 二十九兩	七十六萬四千二百一石二十一斤 一百七十四萬一百五十四兩
三十四斤	九千四百四十二石二十九斤 十五萬九千五百十六兩
一斤 三兩	八千五百十七石三十六斤 九萬四千三百三兩
六十三斤 八兩	一千七百六十三石六十八斤 七千一百六十八兩
十七石十六斤 十六兩	一萬七千六百三十六石九十二斤 一萬五千二十一兩
七石二十一斤	二萬二千二百七十三石九十一斤 三萬四千三百四十兩
	二十石四十三斤 一百八十三兩
七石九十八斤 十三兩	一萬九千八百七十四石九十六斤 十二萬二千五百九十二兩
石十五斤 兩	八萬七千一百四十石三十六斤 十萬六千七百五十六兩
十斤 九兩	五萬七千四百九十石三十八斤 五萬一千九百五十九兩
九石八十八斤 十九兩	二萬二千八百八十四石二十九斤 十八萬八千三百二十五兩

八年	九年
四萬一千六百九十石九斤 四十萬四千四百五兩	二萬二千七十三石 二十四萬一千二十
十萬四百三十六石五斤 一千二百四兩	八百二石 三百十二兩
二十七萬四千七百九石八十一斤 一百九萬九千七百十一兩	四十萬三千九百十 一百六十萬一百七
七十五萬七千一百二十五石四十二斤 一百八十二萬一千九百九十三兩	九十四萬六百三十 二百二萬九千八百
九千二百三十二石二十六斤 七萬四千二百八十四兩	四千四十九石四十 十萬九千七兩
九千六百九十九石四十一斤 九萬一千九百一兩	八千四百五十八石 九萬七千七百六十
一千八百七十三石六十二斤 七千三百八十二兩	一千八百四十五石 五千九百四十三兩
一萬八千八百十九石五十三斤 一萬九千七百三十五兩	一千一百十九石五 二千四百五十五兩
二萬三千三百二十八石四十七斤 三萬六千一百三兩	二萬一千三十四石 三萬二千五百五十
一百九十八石七十七斤 八百七十三兩	一百八十六石八十 九百八十八兩
二萬九千九百三十六石四十斤 十八萬一千六百七十三兩	二萬八千六百十五 十七萬一千九百七
十萬九千九百六十二石五十七斤 十五萬二千三十八兩	三十三萬三千五百八 二十萬九千六百三
九萬五千九百四十五石六十斤 九萬八千四百九十九兩	九萬二千四百五十 八萬五千二十三兩
一萬九千九百五石九十七斤 十五萬八千九百六十五兩	二萬二千三百九十 十七萬五千七百七

	十年
九十六斤 六兩	五萬三千五百七十一石六十八斤 六十一萬四千七百一兩
	六千十四石四十斤 一千五百六十五兩
八石八十三斤 十八兩	四十九萬五千八百五十八石二十九斤 一百七十七萬八千一百三十六兩
六石七十八斤 二十兩	一百二萬八千九百九十石三十八斤 一百八十二萬七百九十三兩
一斤	二千五百石五十五斤 六萬二百八十兩
六十七斤 一兩	一萬八百二十一石二十六斤 六萬六千八百七十三兩
一斤	六千一百七石四十三斤 一萬五千四百四十三兩
十七斤	一千五百十九石五十一斤 二千六百八十二兩
三十三斤 七兩	二萬二百七十八石八十七斤 三萬十五兩
七斤	一百五十二石六十四斤 九百三兩
石十七斤 十四兩	四萬六千二百五十七石三十[illegible]斤 二十六萬一千一百五十九兩
十石四十三斤 十六兩	十五萬五千八百九十五石三斤 十五萬八千七百五兩
一石十八斤	十一萬六百九十六石七十斤 十萬七千二百五十一兩
三石七斤 十九兩	二萬一千三百二十一石五十八斤 十八萬四千一百二十八兩

十一年	十二年
六萬一千八百五十石十四斤 七十一萬七千四百八十九兩	四萬七千五百七十 五十二萬三千三百
二千五百二十石 七百兩	四千四百五十八石 八百四十兩
二十萬五千三百九十三石二斤 六十六萬七千四百六十四兩	十二萬八千八百二 四十八萬八千六百
五十九萬四千一百九十六石二十七斤 一百六萬七千一百兩	四十五萬八千二百 一百五萬四千七百
三千八百三十六石二十七斤 八萬四千四百九十一兩	四千一百九十七石 六萬八千六百六十
七千九百六十七石四十四斤 七千四百九十一兩	八千二百九十六石 九萬二百三十六兩
一千三百一石四十四斤 六千九百三十九兩	五千三百七十六石 一萬二千十兩
三萬六千八百七十二石五十四斤 五萬九千四百三十兩	三萬五千四百九十 六萬四千三百五十
一萬六千五百二十一石四十四斤 二萬五千八百二十九兩	二萬八千九百三十 四萬七千九百三十
一百五十八石六十三斤 三千二百兩	二百二十四石六十 一千七百六十四兩
二萬七千六百四十七石九斤 十五萬一千三十九兩	二萬五千三百八十 三十萬九千九百九
十二萬六千八百四十五石四十三斤 十五萬九千五百五十八兩	三十萬四千五十八 十九萬八千八百七
十一萬五千七十五石三十斤 十一萬一千三百九十六兩	十一萬五千九百九 十一萬一千四百七十
一萬九千四百三十三石七十二斤 十六萬七千五十五兩	一萬八千五百十六 十五萬六千三百六

	十三年
二石十八斤 八十兩	六萬九千二百二十六石八十七斤 六十七萬七千六百六十兩
六十三斤	
十八石十四斤 五十九兩	十一萬三千四百七十五石四十二斤 四十一萬六千八百六兩
六十八石八十五斤 四十五兩	六十三萬四千一百七十石十二斤 一百三十四萬六百八十八兩
七十六斤 三兩	六萬四千一百十四石七十九斤 四十六萬五千九百八十二兩
十一斤	四十萬六千八百十一兩
五十七斤	
八石六十一斤 六兩	
四石六十斤 一兩	
	十二萬三千四百八十石二十四斤 三十七萬六十八兩
四斤	
石七十五斤 十九兩	一萬九千二百八十八石九十六斤 十一萬二千八十九兩
石五十七斤 十兩	四十三萬八百四十三兩
十七石三十九斤 五兩	三十七萬三百四十二兩
石十七斤 十三兩	一萬七千三百三十石五十一斤 十四萬五千四十二兩

出口雜貨衰旺表

貨名		光緒元年
草帽緶	貨	一萬九千三百四十一石九斤
	價	四十二萬二千一百七十七兩
席	貨	五十二萬一百四十五件
	價	二十九萬四千七百四十二兩
土布	貨	一千二百四十四石五十二斤
	價	五萬三千一百四十六兩
夏布	貨	七百八十五石四斤
	價	九萬七千六百九十五兩
磁窰器	貨	五萬六千三百四十五石四十六斤
	價	三十九萬三百八十一兩
料器	貨	七千七百六十一石九十七斤
	價	十三萬七千一百三十六兩
皮貨	貨	
	價	六千二百六十七兩
皮	貨	五千一百五十六石
	價	四萬三千七百十四兩
金銀器	貨	
	價	
生熟銅鐵錫器	貨	八千四百五十四石三十斤
	價	十一萬五千一百四十六兩
麻繩索	貨	一千一百九十三石三十五斤
	價	一萬七千二十六兩
竹竿竹器	貨	
	價	一萬五千二百三十一兩
藤竿藤器	貨	四百二十石九十三斤
	價	三千五百九十五兩
豆子豆餅	貨	十三萬五千八百十七石九十八斤
	價	十二萬二千五百九十一兩
粉絲	貨	二萬四千二百二十六石五十四斤
	價	七萬三千九百六十兩

二年	三年
二萬八百九十四石四十六斤 四十一萬七千四百五十七兩	二萬五千九百三十 六十一萬九千一百
二十九萬七千五百七十條 二十一萬三千四百三十四兩	三十七萬九千九百 三十四萬六千八百
一千四百四十六石七十九斤 十萬五千四百八十八兩	一千七百八十八石 八萬八千九百七兩
一千一百十八石八十五斤 十一萬一千七百七十八兩	一千一百五十六石 十三萬一千七百四
八萬二千四百四十五石二十二斤 三十萬七千八百八十二兩	八萬一千四百四十 二十九萬五千四百
五千七百八十石七十一斤 十萬九千五百六十九兩	五千八百五十六石 十萬六千六百九十
三萬五千九百十六件 三萬六千八百十兩	十四萬四千三百四 六萬九千九百七十
一萬四千八百八十一石六十九斤 十二萬六千四百九十四兩	五萬六千六百二十 四十五萬三千八十
一萬三千二百八十二石四十五斤 十五萬三百十兩	一萬四千二百石二 十四萬九千八百十七
一萬七十六石四十四斤 八萬八千八百七十一兩	八萬七千百十六石十 八萬三千八百十二
四萬五千二百五十九兩	五萬六千四百八十
六百九十三石十七斤 七千七百八十三兩	一千二百二十二石 一萬三千六百七十
二萬三百二十六石六斤 二萬一千三百四十二兩	四千九百八石四十 五千三百九十九兩
三萬三千七百七十六石七十二斤 十一萬九千二百八十七兩	三萬二千八百六石 十一萬四千四百九

	四年
石四斤 三十五兩	三萬六千一百十六石六十四斤 七十九萬五千八十八兩
十六條 五十三兩	四十四萬三千七百三十四條 三十四萬六千一百六十四兩
四十斤	二千九十石六十九斤 十萬三百十九兩
三十斤 十六兩	一千一百九十五石六十一斤 十一萬一千六百八十六兩
六石六十四斤 二十一兩	九萬一千三百六十三石七十一斤 三十八萬四千八百六十二兩
六斤 兩	八千八百九十五石六十二斤 十六萬三千六百三十九兩
十八件 五兩	十九萬一千四百六十五件 十三萬七千七百九十八兩
七石 一兩	四萬一千三百五十九石九十五斤 三十五萬二千五百五十九兩
十九斤 兩	一萬三千八百八十一石五十斤 十三萬九千五百九十二兩
五斤 兩	八千八百三十三石二十斤 八萬六千八百四十兩
六兩	四萬六千三百五十四兩
八斤 五兩	一千三十五石三十七斤 七千四百七十四兩
二斤	二萬五百二十二石四十五斤 一萬七千二百七十五兩
八十九斤 十九兩	三萬二百六十三石二十六斤 十萬九千七十九兩

五年	六年
三萬五千八百九十八石二十二斤 九十六萬四千二百八十兩	四萬八千九百七十 一百二十二萬七千
四十八萬二千四百七十九條 二十九萬二十一兩	三十八萬四千六百 五十三萬三千二十
二萬二十六石九十一斤 九萬八千九百四兩	一千九百七十四石 九萬二千九百七十
一千五百四十七石八十九斤 十二萬二千七百七十兩	一千一百八十四石 十萬四千七百十九
八萬九千九百三十三石二十五斤 三十三萬八千三百七十一兩	七萬五千一百四十 三十七萬九千五百
七千九百三十四石六十斤 十五萬三千三百二十兩	八千七百六十八石 十六萬九千一百三
十四萬五千八百五十二件 九萬六千六百十五兩	二十四萬四千一百 十五萬二千四百八
二萬五千五百四十三石十七斤 二十四萬一千二百七十二兩	二萬六百二十三石 二十五萬二千九百
一萬三千七百九十八石八十八斤 十三萬一千二百四十六兩	一萬四千五百石十 十四萬八千二百八
一萬四千五百五十六石八斤 十萬三千四百一兩	一萬九千五百四十 十六萬六百二兩
七萬八千五百二十八兩	七萬四千五百九十
一千一百九十七石八十八斤 五千六百八兩	二千八百四石五十 八千九百七十五兩
七萬八百四十七石九十三斤 七萬五百二十九兩	十五萬四千六百四 十五萬九千九百九
三萬二千五百六十五石十六斤 十一萬六千八百三十一兩	二萬六千九百九十 十二萬五千四百二

	七年
石四十六斤 六百七十兩	五萬五百一石九十二斤 一百三十六萬三千九百八十四兩
八十條 七兩	三十六萬八百二十七條 三十五萬八千五百三十七兩
七十七斤 一兩	二千七百六十三石三十六斤 十三萬二千三百四十九兩
七十一斤 兩	一千五百八十九石三斤 十四萬八千九百八十五兩
二石二十斤 七十四兩	七萬八千五百二石九十斤 三十八萬七千六兩
七十七斤 十二兩	一萬三百五石三十一斤 十九萬七千四百九十五兩
九十三斤 十六兩	三十三萬九百二十一件 二十六萬二千七百八十兩
三十三斤 六十二兩	三萬八千五百十七石六十五斤 四十七萬三千五百二十五兩
三斤 十兩	一萬四千八百六石九斤 十三萬五千七百八十二兩
七石九十斤	二萬七百七十一石三十四斤 十五萬八千一百四十三兩
七兩	八萬六千一百六十七兩
七斤	二千七百五十七石十一斤 一萬一千九百一兩
十五石四十一斤 十六兩	十一萬二千六百二十七石六十三斤 十三萬九千六十六兩
石八十五斤 十二兩	四萬一百二十二石十三斤 十五萬四千一百五十九兩

八年	九年
五萬五千四百九十八石二十六斤 一百四十九萬八千五百九十六兩	五萬八千六百二十 一百四十六萬六千
四十九萬八千七十八條 四十八萬六千三百六十五兩	四十四萬五千九百 五十四萬八千四百
二千六百二石 十一萬二百三十兩	二千五百三十石六 九萬八千二百九十
一千六百八十五石五十三斤 十四萬四千六百七十九兩	二千三十九石十二 十六萬五千一百三
九萬八千二百四十三石九十八斤 四十七萬一千三百八十八兩	九萬五百五十八石 三十三萬六千十六
一萬二千一百七十一石八十斤 二十三萬四千七百六十一兩	一萬七百四十六石 二十二萬二千四百四
五十七萬三千三百二十一件 四十七萬一千九百四十八兩	四萬五千六百三十 一萬四千六百七十
三萬四千九百四十五石八十一斤 三十八萬六千一百四十八兩	六萬四千十六石八 六十七萬八千五百
一萬四千二百五十四石二十斤 十三萬三千八十五兩	一萬四千八百七十 十三萬五百三十兩
二萬四千八百二十四石五十一斤 十九萬二千二十六兩	二萬一千八百二十 十八萬二百十八兩
十萬七千二百八十二兩	十一萬八千九百二
三千九百十二石二十一斤 一萬七千七百三十九兩	一千四百三十五石 九千九十七兩
十七萬九千四百二十七石三十斤 十八萬四千五百九十一兩	二十萬八千三百八 三十萬二千一百四
四萬四千八百二十九石四十斤 十六萬七千一百七十三兩	六萬七百十九石八 二十二萬五千一百

十年	
七萬八千一百六十五石七十四斤 一百九十五萬三千九百十七兩	七石六十三斤 二百十九兩
五十九萬九百三十四條 三十三萬七千四百九十六兩	九十三條 四十一兩
二千二百三十七石七十四斤 八萬八千八百六十七兩	十四斤 一兩
二千十石八十斤 十八萬八千六百五十八兩	斤 十三兩
八萬七千一百四十一石六十九斤 二十四萬一千五百二十八兩	三十八斤 兩
一萬一千一百八十三石六十七斤 二十一萬三千三百二十五兩	二十三斤 十四兩
五十九萬九千五百四十八件 四十一萬一千五百二十四兩	五石 四兩
八萬八千二十二石九十一斤 九十六萬七百四十九兩	十五斤 五十三兩
一萬三千七百四十石二斤 十三萬一千八百四十五兩	九石五十斤
二萬九千八百五十四石三斤 二十一萬一千六百十六兩	四石三十三斤
十一萬七千八百二十三兩	十七兩
一千六百九十五石八十一斤 八千一百三兩	十七斤
六萬三千一百四十三石十斤 七萬五千七百九兩	十九石二十五斤 十六兩
五萬二千三百八十四石八十七斤 二十萬八千七百三十五兩	十三斤 九十一兩

十一年	十二年
七萬六千四百九十四石十二斤 一百八十七萬四千三百四兩	八萬二千四百十三 二百八萬九千一百
四十三萬四千九百二十六條 二十八萬六千七百八兩	四十八萬一千二百 五十萬五千六百三
二千七百九十七石六斤 九萬五千四百三十三兩	二千六百八十六石 八萬七百五十九兩
一千六百三石四十一斤 十三萬九千七百三十一兩	一千一百二十四石 十一萬五千七百八
八萬九千六百四十二石二十九斤 二十七萬三千三百五十三兩	十萬八千八百五十 二十一萬二千九百
一萬八百六十九石三十三斤 二十一萬二千七百十九兩	一萬四千二百十四 二十七萬六千五百
六十五萬四千四百四十七件 三十萬七千八百六十二兩	八十六萬二千六百 六十六萬三千七百
九萬四百十一石五十三斤 九十四萬一千一百十三兩	八萬六千七百二十 九十九萬六千二百
一萬二千五百八石六十七斤 十萬三千八百三十兩	一萬四千六百十九 十一萬八千五百五
三萬五千六百三十六石七斤 二十六萬八千八兩	三萬五千一百四十 二十萬六千七百二
十萬三千二百八十四兩	十三萬八千四百四
八百二十三石三十三斤 三千五百七十六兩	二千石七十斤 七千六百二十九兩
十二萬四千五十三石二斤 十四萬三千五百六十一兩	四萬三千五百七十 五萬三千八百八十
四萬九千九百四十七石三十二斤 十八萬二百三十九兩	五萬六千五百八十 十九萬三千七十九

	十三年
石二十九斤 八十五兩	十五萬九百五十二石六十七斤 三百七十三萬八千三百十兩
五十條 十六兩	八十九萬五千六百六十兩
七十三斤	六千六百十八石八十八斤 二十九萬二千六百八十四兩
五十五斤 十四兩	一千六百八十三石七十九斤 十四萬二百七兩
六石七十二斤 六十兩	二十三萬石三十斤 一百十一萬三千十九兩
石三十一斤 五十三兩	一萬七千五百四十八石十斤 二十九萬一千六百十九兩
十四件 三十兩	六十五萬二千一百七十二兩
石五十六斤 四十七兩	八萬六千六百四十九石八十六斤 九十三萬一千四百九十七兩
	三十七石九斤 十二萬二千二百五十六兩
石五十六斤 十四兩	
九石七十六斤 十八兩	四萬二千七百十石九十八斤 二十五萬七千四百二十四兩
十四兩	十九萬九千兩
三石六十七斤 八兩	四萬五千四十五石七十二斤 五萬六千九百兩
一石二十八斤 兩	九萬九千五百八十三石五十六斤 三十五萬四千四百四十九兩

出口雜貨衰旺表

		光緒元年
大黃	貨	三千九百二十石七十五斤
	價	十六萬七千七百八十二兩
桂皮	貨	五萬三千四十七石二十四斤
	價	二十六萬九千八百四十五兩
樟腦	貨	七千一百三十九石八十三斤
	價	三萬七千八百二十五兩
棓子	貨	一萬二千六百四十石六十六斤
	價	七萬七千四百八十三兩
麝香	貨	十四石七十斤
	價	十萬九千七百六十兩
紅花	貨	二千六百八十石二十斤
	價	十七萬四千六百二兩
藥材	貨	一萬七千三十四石九十四斤
	價	六萬四千二百七兩
桂元	貨	五千四百六十三石六十八斤
	價	二萬六千五百十兩
扇	貨	一百十三萬七千五百九十柄
	價	二萬九千三百五十四兩
爆竹	貨	一萬八千八百六十九石十八斤
	價	十九萬二千二百六十兩
毛	貨	七千二十六石九十四斤
	價	八萬九千六百二十五兩
駝羊毛	貨	五千五百二十五石九十四斤
	價	三萬四千七百九十六兩
煙葉煙絲	貨	一萬六千六百六十七石六十五斤
	價	十四萬四千一百三十八兩
紙書銅錫箔	貨	三萬九千七百八十七石九十二斤
	價	四十二萬九千七百四十七兩
衣服鞾鞋	貨	
	價	五十六萬七千九百七十四兩

綜十六

二年	三年
五千二百四十七石六十一斤 二十一萬四千一百九兩	五千一百二十四石 十九萬九千七百八
三萬八千九十石五斤 十九萬九千九百五十八兩	五萬二千四百十七 三十萬九千九百四
八千七百九十四石九十二斤 五萬一千三百十九兩	一萬三千一百七十 七萬九千一百三兩
二萬四千九十二石五十九斤 十四萬七千八百五十四兩	一萬七千五百十五 十二萬五千一百九
十六石六十斤 十三萬二百一兩	十七石二十九斤 十四萬五千四百五
二千七百五十八石四十四斤 十七萬九千三百二十二兩	二千四百三十四石 十五萬八千二百九
一萬一千九百五十九石八十二斤 五萬八千二百四兩	一萬六千九百七十 八萬六千八十四兩
五千三百二十六石四十一斤 二萬六千七百三十八兩	五千八百二十二石 二萬八千二百八十
二百九十五萬五千一百六十九柄 三萬一千三百六十七兩	六百四十萬九千一 四萬五千二百二十
二萬九千八十石六十四斤 二十八萬九千八百八十一兩	二萬四千二百六十 二十三萬二千五百
一萬一千二百五十三石八十八斤 十二萬一千九百三十兩	一萬四千二百四十 二十一萬一千五百
五千八百十六石八十七斤 三萬二千六十二兩	五千四百二石七十 三萬八千九百三十
六千八百六十石十斤 七萬八千三百十九兩	一萬二千六百六十 十一萬四千六十七
四萬六百三十六石四十三斤 四十四萬七千一百五十兩	四萬八千四百八十 四十八萬六千七百
四十六萬二千一百三十三兩	三十三萬三千一百

	四年
五十七斤 十一兩	四千八百三十五石十三斤 十九萬八千二百四十八兩
石七十八斤 十五兩	七萬二千一百七十一石二十斤 三十三萬六千二百十七兩
八石四十五斤	一萬三千七百九十五石九十九斤 八萬三千七百六兩
石九十五斤 十四兩	二萬四百七石六斤 十四萬七千六百九十兩
兩	四十石四十六斤 二十四萬六千八百六十五兩
二十三斤 十兩	二千四百六十九石十八斤 十六萬四百九十七兩
四石四十五斤	一萬八千三百八十一石四十七斤 九萬三千六百七十三兩
七十四斤 八兩	一萬二千六百十九石五十四斤 五萬六百八十三兩
百三十五柄 八兩	六百五十一萬三千四百四十三柄 五萬一千四百二十兩
石六十四斤 十六兩	一萬七千六百十七石四十三斤 十六萬一百三十九兩
石八十五斤 三十二兩	一萬九千五百二十五石二十九斤 二十二萬五千九百七十兩
四斤 九兩	九千五百十四石六十斤 六萬六千六百三十兩
四石八十二斤 兩	一萬一千一百二十一石八十四斤 十萬七千九百八十四兩
石二十四斤 三十二兩	五萬四千八百四十石六十三斤 六十二萬八千三百二十二兩
六十六兩	三十三萬三千三百六十兩

五年	六年
五千二百九十二石四斤 二十萬二千六百四十六兩	六千一百五十三石 二十一萬二千五百
九萬九千六百三十三石十六斤 五十七萬四百九十四兩	三萬八千七百八十 二十二萬五千六百
一萬一千一百三十二石七十七斤 七萬二千五百五十八兩	一萬二千三百二十 十萬六百七十九兩
二萬四千六百五十五石七十二斤 十七萬七千八百四十四兩	二萬三千三百三十 二十二萬七千六百
三十四石三十二斤 二十三萬八千四百二十四兩	三十石十七斤 三十三萬四千一百
二千三百五十二石四十二斤 十五萬二千九百七兩	一千七百八十一石 十一萬五千七百七
一萬八千四百二石十四斤 十萬八千七十一兩	二萬八千六百七十 十九萬四千四百五
一萬九千二石七十七斤 四萬二千五百一兩	八千七十九石七十 三萬四千六百六十
三百九十七萬六千四十四柄 三萬三百五兩	六百二十八萬七千 三萬八千八百八十
一千五百四十七石八十九斤 十二萬二千七百七十兩	一千一百八十四石 十萬四千七百十九
一萬八千一百七十八石二十四斤 二十五萬一千八百六十七兩	一萬九千五百六十 二十六萬一千三百
二千三百八十八石六十六斤 一萬五千六百六十兩	四千五百三十六石 二萬九千八百四十
一萬六千二百七石四十八斤 十六萬一千八百四十二兩	一萬九千七十七石 十六萬七千九百三
四萬四千五百三十二石六十三斤 五十五萬四千六十五兩	四萬三千五百八十 五十一萬二千七百
四十四萬八千五百九十八兩	三十二萬七千五百

	七年
二十七斤 二十七兩	六千八百十三石八十二斤 二十四萬五千九百五十七兩
四石六十九斤 九十二兩	五萬七千四百五十六石五斤 三十萬三百三兩
六石六十二斤	九千三百十六石五十七斤 七萬九千六百二十五兩
石四十二斤 五兩	二萬一千三百七十五石九十斤 二十一萬三千六百九十二兩
六十二兩	十八石七十七斤 十四萬九千七百八十兩
十六斤 十五兩	一千五百五十三石五十六斤 八萬六千九百八十八兩
六石三十一斤 十一兩	三萬一千九百十五石五斤 十九萬四千九十兩
一斤 九兩	七千五百九十一石六十六斤 三萬七百五十三兩
九百八十九柄 一兩	二百一萬七千一百五十七柄 二萬七千七百十兩
十四斤	三萬四千三百八十石二十九斤 三十二萬二千五百二十二兩
九石九十七斤 十七兩	一萬六千四百五十石八十七斤 十八萬九千六百三十三兩
十斤 四兩	五千九百八十六石十七斤 三萬八千八百五十六兩
四十九斤 十一兩	七千二百四十九石六十五斤 七萬三千三百八十六兩
石七十一斤 二十兩	五萬三千四百三十八石九十四斤 五十九萬七千四百九十六兩
四十八兩	三十五萬八千三百一兩

八年	九年
六千八百六十一石三十一斤 十八萬三千六百九十九兩	四千七百八石九十 十三萬二千三百七
五萬八千一百七十石六十一斤 二十七萬一千五百六十六兩	七萬六千一百九十 二十九萬五千四百
五千一百六十二石二斤 四萬二千四百六十六兩	三千三百七石三十 二萬八千五百九十
八千八百三石七十斤 八萬七千一百七十九兩	三萬一百十四石八 二十七萬五千四百
二十石二十四斤 十六萬二千四百十四兩	二十三石六十八斤 二十三萬五千六百
一千二百六十七石六十八斤 七萬三千十三兩	九百二十一石二十 五萬三千五百三十
三萬四千八十二石三十斤 二十萬七千五十兩	一萬六千四十石一 八萬九百九十七兩
一萬二千六十六石三十四斤 五萬五千三百九十四兩	一萬一千九百十二 五萬一百十八兩
二百五十七萬一千五百十二柄 二萬五千七百八十兩	五百二十萬七千二 三萬六千六兩
四萬六百十六石八十一斤 三十七萬六千八百六十三兩	五萬六千一百八十 五十二萬一千六百
七千二百四十四石四十九斤 十萬九千一百二十九兩	二萬八千三百二十 三十二萬七千五百
二萬二千七百五十五石三十九斤 十九萬九千二十九兩	三萬三千八百二十 二十七萬四千七百
七千三石五十六斤 八萬一千五百六十三兩	一萬一千四百三石 十二萬八千五百六
五萬七千八百五十三石五十五斤 六十二萬三千四百三十二兩	五萬九千二百八十 七十一萬十一兩
三十八萬八千七百五十八兩	四十一萬二百五十

	十年
九斤 十兩	五千一百八十石一十一斤 二十六萬七千三百一十一兩
六石七十四斤 五十九兩	一萬三千八百二十一石六十二斤 四萬六千四百三十四兩
八斤 六兩	四百四十三石四十七斤 三千四百八十二兩
十七斤 八兩	三萬六千四百三十石四十八斤 三十四萬五千七百六十一兩
六十六兩	二十一石三斤 十六萬七千五百八十六兩
四斤 二兩	七百七十五石四十斤 四萬四千六百六十三兩
斤	一萬八千三百五十七石九十斤 八萬七千二十六兩
石二斤	一萬四千六百三十五石二十四斤 五萬一千四十五兩
百八十四柄	八百十六萬四千五百六十七柄 四萬八千八百十五兩
六石八十六斤 九十六兩	五萬一千五百三十石二十斤 四十八萬三千十一兩
五石二斤 八十七兩	一萬九百七十二石二斤 二十一萬五千六百四十兩
四石八十四斤 九十五兩	三萬四千七百九十九石 二十六萬九千四百六十兩
二十六斤 十六兩	二萬四千四百四十二石五十五斤 二十一萬六千一百四兩
七石七十九斤	四萬八千八百八十九石十九斤 六十二萬二千八十七兩
九兩	四十五萬四千七十六兩

十一年	十二年
七千九百三十八石五十斤 三十一萬六千七百九十兩	七千一百九十七石 二十八萬三千七百
一萬二千八百九十一石六十八斤 三萬六千七百八兩	五萬一千三百六十 十六萬一千八兩
三石十四斤 二十八兩	一千三百三十一石 一萬四千九百七十
二萬八千四百石八十三斤 二十六萬七千五十五兩	二萬八千七十七石 二十七萬六千八百
十九石九十斤 十五萬八千九百二十四兩	二十一石七十一斤 三十五萬八千六百
七百三十八石五十七斤 四萬三千三百四十兩	四百七十四石八十 二萬六千三百四十
一萬八千八百二十五石八十八斤 九萬二千五百六十七兩	二萬四千四百七十 十二萬九千五百七
一萬四千七百二十石十六斤 五萬七千七百二十七兩	八千八百六十八石 三萬八千六百八十
七百三十萬四百八十柄 四萬四千三百三十七兩	一千四百八十一萬 八萬二千四百七十
二萬九千八百七十五石三十六斤 二十八萬八千六百四十兩	六萬七千九百七十 六十二萬二千七百
一萬二千四百五十五石八十斤 二十萬六百四十一兩	九千四百三十石九 十六萬九千七百九
四萬三千五百十三斤 三十二萬八千二百九十八兩	四萬八千三百五十 四十五萬四千二百
二萬四千四十一石九十三斤 二十四萬五千七百三十一兩	一萬七千九百四十 二十二萬七千三百
六萬七千五百九十一石八十十斤 五十九萬五千七百五十二兩	七萬一千七百十九 六十七萬三千五百
三十八萬四千七百四十八兩	九十四萬三千五百

	十三年
六十九斤 五十一兩	四千六百二十一石八十斤 十八萬四千七百九十九兩
四石六十一斤	七萬二千一百九十六石二十三斤 三十四萬二千二百二十四兩
三十五斤 三兩	二千七百五十一石二十二斤 二萬四千九百五十九兩
十四斤 四十四兩	三萬六千九百十一石二十二斤 三十六萬六千五百七十五兩
四十六兩	二十二石七十斤 十八萬一千七百二十六兩
八斤 一兩	五百六十五石四十六斤 三萬二千一百十八兩
三石十九斤 兩	二十一萬五千九十四兩
八十七斤 五兩	
六千七百八十九柄 八兩	一千二百九十七萬六百三十一柄 十四萬九千六百八十三兩
一石三十五斤 五十八兩	十二萬三百八十一石六十斤 一百十萬九千三百八十四兩
十八斤 十兩	三十七萬二千七十九兩
九石五十三斤 四十九兩	五萬六千二百六十一石十九斤 四十六萬九十三兩
九石三斤 十五兩	五萬五千五百二十二石五十四斤 五十八萬六千五十一兩
石四十六斤 八十三兩	十六萬三千五百七十一石九斤 一百二十一萬六千五百六十三兩
二十二兩	一百三十萬六千八百二十兩

中西紀年周始表 卌

咸豐庚申之歲新關甫𠜱規畫未備一切句稽之役擇西人任之名曰稅務司會而計者曰總稅務司亦任西人沿至於今未之或改歲終稅務司上出入之籍於總稅務司皆西文光緒紀元始譯洋爲漢即所謂貿易總冊而茲表所由據也顧關冊以西年爲始訖推原其故半由西人職事循其國俗亦由英約所載庚申續約第三款三月成結自是厥後內外文牘取便數計耳今撰綜覈表遡中國春王而據冊載之數則稍有不符爰表中西紀年周始備攷而於出入之數實差無幾也

咸豐十年八月十七日至十一月二十日爲結第一即西千八百六

十年十月一日至十二月三十一日至光緒十三年十一月十七日止即西千八百八十七年十月一日至十二月三十一日爲結一百有九亦坿列下方用便稽核各關結期從同惟嘉峪關獨異

	中	西	坿各關結數
光緒 元年	上年十一月二十四日起 本年十二月初四日止	即一千八百七十五年	五十八 五十九 六十 六十一
二年	上年十二月初五日起 本年十一月十六日止	即一千八百七十六年	六十二 六十三 六十四 六十五
三年	上年十一月十七日起 本年十一月二十七日止	即一千八百七十七年	六十六 六十七 六十八 六十九

年	起止	西曆	
四年	上年十一月二十八日起 本年十一月初八日止	卽一千八百七十八年	七十二 七十三
五年	上年十一月初九日起 本年十一月十九日止	卽一千八百七十九年	七十四 七十五 七十六 七十七
六年	上年十一月二十日起 本年十二月初一日止	卽一千八百八十年	七十八 七十九 八十 八十一
七年	上年十二月初二日起 本年十一月十一日止	卽一千八百八十一年	八十二 八十三 八十四 八十五
八年	上年十一月十二日起 本年十一月二十二日止	卽一千八百八十二年	八十六 八十七 八十八 八十九

九年	上年十一月二十三日起 本年十一月初三日止	即一千八百八十三年	九十　九十一 九十二　九十三
十年	上年十一月初四日起 本年十一月十五日止	即一千八百八十四年	九十四　九十五 九十六　九十七
十一年	上年十一月十六日起 本年十一月二十六日止	即一千八百八十五年	九十八　九十九 一百　一百一
十二年	上年十一月二十七日起 本年十二月初七日止	即一千八百八十六年	一百二　一百三 一百四　一百五
十三年	上年十二月初八日起 本年十一月十七日止	即一千八百八十七年	一百六　一百七 一百八　[illegible]十九

中外交涉類要表

中外交涉類要表

一卷

〔清〕錢學嘉　撰

清光緒二十年刻本

唐使異國則選學有經法通知時事之臣昌黎韓氏序送殷侑旣颺明詔而申之曰士不通經果不足用哲人有言如蓍龜哉方今萬邦協和遠人踵於禹服乘槎表於裨海有大九州之治卽有大九州之學士伏樞牖窈所不習哆兮中外之舊說無當邦交之近效迂者退矣則有匯會播之文俗糅之卒不得隃穴鍼石無施焉夫蒼蒼摶摶中閒有人微夫經訓孰綱維是吾聞經敎亦實事求是云爾尙書周官皆實政目之所屆神之所運森列如此則總理如彼以無厚入有閒屠牛之術通於理天下中外之故亦紛紜矣孰商道以全遠交彼謹於出我持於入地不醜德不齊夙昔盟言莞之今茲情僞通之非空言無事實所

能揮斥而益損之也積蹞步生游於京師游於海隅則以聞於師友者證所誦習若曰吾如醫者視疾脈之抈有弦濡色之望有明晦寒暑之犯漸矣攻守之劑應者爲全非不應者爲全迺稽掌故詢文書成中外交涉類要表四卷光緒通商綜覈表十六卷篇敘其綱要焉凡所專列所稽求皆通知時事足以用矣他日進身何施不可而異域之使且莫先焉旁行斜上太史公剏爲之必有所受實政之端委即推之尚書周官經訓之遺亦奚不可哉積蹞步生者吳興錢學嘉也譚獻敘

中外交涉類要表目

光緒通商綜覈表目

各國換訂約章表

兩國相交不能不立約互市既盛不能不定章而約章之得失則視國勢之强弱人謀之臧否以爲判康熙雍正乾隆之世三與俄國立約維時

天威神武震讋北徼其爲約也若條教然俄人拱手聽命罔有異言道光咸豐之閒西國踵至挾兵求市閫臣疆吏不克宣揚

威德懾服遐荒其爲約也半出於彼族擅專故法弛而詞亦不順同治光緒以來懲前毖後講求利弊其爲約也或增損數字以杜漸而防微或修改數端姑讓輕而爭重雖未能盡挽前失而所補救者已不少矣嗟乎蟻穴之微足以潰隄而堵合之功

能者棘手觀後此之彌縫匪易益動當事者審愼之思今者和好之國十有七約經久而遞修章因時而旋改辯論筆削之事將無歲而蔑有覩已然之陳迹爲未雨之綢繆則約章固考鏡之林非僅因應之據爰纂光緒丁亥以前與各國所訂約章爲表而以議而未訂訂而未換換而已廢之可考者坿於後

各國換訂約章表

類一

	俄羅斯	英吉利	瑞典那威兩國共約	美利堅	法蘭西	德意智卽布國	丹麻	荷蘭卽和國	日斯巴尼亞	比利時	義大里	奥斯馬加	日本	祕魯	巴西	大西洋
康熙二十八年	四月領侍衞內大臣索額圖與彼使費岳多在尼布楚定約六條 此約何氏秋濤朔方備乘作七條與六條者大恉無異索奉命在四月定約必在六七月至十二月遣官立碑界															
雍正五年	九月理藩院尚書圖禮善與彼官伊立禮在恰克圖定界約十 皇朝文獻通考云八月郡王策稜伯四格侍郎圖理琛與俄羅斯使臣薩瓦定議邊界約十一條而綏服紀略云係派尚書察畢那爾等三員前往勘界未知孰是															

一條

乾隆五十七年 正月辦事大臣松筠普福及喀爾喀貝子遜都布多爾濟與彼官色勒裴特定市約五條即恰克圖約

道光二十二年 七月廣州將軍耆英乍浦副都統伊里布與彼使璞鼎查在江甯定約十三條

十二 三月兩廣總督

六年

耆英與彼官德徵斯在虎門定約五款

此約未載通行刊本然亦無作廢明文故列此

二十七年

二月兩廣總督耆英與彼使李利華在廣東定約三十三條

咸豐元年

八月伊犁將軍奕山參贊大臣布彦泰奏定伊犁塔爾巴哈臺通商章程十七條

八年

五月大五月大
學士桂學士桂
艮吏部艮吏部
尙書花尙書花
沙納與沙納與
彼使普彼使額
■■在爾金在
天津立天津立
約十二約五十
條　六條坿
　　專條一

四月黑十月桂
龍江將艮花沙
軍奕山納及兩
與彼官江總督
岳福在何桂清
愛琿城武備院
定約三卿明善
條　　刑部員
　　外郎段
■■與

五月大五月大
學士桂學士桂
艮吏部艮吏部
尙書花尙書花
沙納與沙納與
彼使列彼使■
衛廉在在天津
天津立立約四
約三十十二條
條　　并和約
　　章程補
　　遺六款

十月桂十月桂
花何明花何明
段與彼段與彼
使列在使葛在
上海定上海定
通商善通商善
後條約後條約
十款稅十款稅
則一冊則一冊
　　又另款

	十年	十一年
彼使額爾金在上海定通商善後條約十款稅則一冊	十月恭親王與彼使伊格那替業福在京城定續約十五條 九月恭親王與彼使額爾金在京城定續約九款	五月倉場侍郎成琦與彼官在黑龍江定勘分東界約記并碑五條 九月總理各國事務衙門定長江各口納稅通其章程
一條	九月恭親王與彼使葛羅在京城定續約十款	
		七月倉場總督崇■三口大臣大理寺少卿崇厚與彼使[illegible]佛理

又長江
暫訂通
商章程
十二條

同治元年

二月總九月定
理衙門長江通
與彼駐商統共
華使把章程七
■■在條即改
京城定正上年
陸路通之十二
商章程條也
三十一
款
二月■■■
與彼使■■
■在天津定
續增稅則

同理五
艾在天
津定約
四十二
款坿一
款稅則
一冊

二年	五月工部侍郎恆祺兵部侍郎三口大臣崇厚與彼使福■■在天津定約五十五條通商章程九條稅則一冊 八月兵部侍郎三口大臣崇厚與彼使暨■■在天津定約十六條另款一條
三年	九月勘辦西北界大臣明誼與彼臣雜哈勞在塔爾巴哈臺定記約十條 九月頭品頂戴薛煥兵部侍郎三口大臣崇厚與彼使瑪斯在■■定約五十

四年	五年
十二款專款一	
	五月恭親王等與彼駐華使阿禮國定招工章程二十二條又三節
九月戶部侍郎董恂兵部侍郎三口大臣崇厚與彼使金德俄固斯德在■■議約四十七款通商章程九條稅則一冊	
	九月戶部侍郎譚廷襄兵部侍郎崇厚與彼使阿■■在■■定約五十五款通商章程九款稅則一冊

七年

六月辦理中外交涉事務蒲安臣志剛孫家穀在彼都華盛頓與彼臣徐■■定約八條

此約據志剛撰初使泰西紀程云與彼外部大臣華爾特畫押

八年

三月總理衙門與彼駐華使倭良嘎哩改訂陸路通商章程二十二條

七月科布多立界大臣奎昌與彼臣巴布闊福互換

七月戶部尚書董恂兵部侍郎三口大臣崇厚與彼使畢■■在■■定約四十五條通商章

界約三條

七月烏里雅蘇台大臣榮全與彼官穆嚕木策在昌吉斯台互換界約二條

七月塔爾巴哈臺立界大臣奎昌與彼官穆嚕木策互換約誌三條

十年

程九款

稅則一冊

七月大學士北洋大臣李鴻章與彼使伊達■■在天津定修好條

十三年	光緒元年
規十八款通商章程三十三款稅則一冊	
五月大學士北洋大臣李鴻章與彼使葛爾西耶在天津定約十九款專條一款	二月大學士北洋大臣李鴻章與彼駐華使威妥瑪在煙臺會議條款三端又專款一

三年

十月大學士沈桂芬與彼駐華使伊■■在京城定古巴華工條款十六

六年

十月大學士寶鋆禮部尚書李鴻藻與彼駐華使安■■來華使帥■■笛■■續修約四款又另款四

二月大學士沈桂芬戶部尚書景廉與彼駐華使巴蘭德定續約九條

七年

出使大臣曾紀澤在彼都彼得羅堡

八月大學士北洋大臣李鴻章

	十年	十一年
與彼臣格爾斯布策改訂約二十條專條一改訂陸路通商章程十七條卡倫單一		
	四月大學士北洋大臣李鴻章與彼使福祿尼在天津訂簡明約五條	四月大學士北洋大臣李鴻章刑部尚書錫珍鴻臚寺卿鄧承修與彼駐華使巴特納在天津
		三月大學士北洋大臣李鴻章與彼使伊藤■■在天津定會
與彼使𡩋■■在天津定約七條		

十二年

六月■■■■依克唐阿通政司使吳大澂會彼官巴啦蕭伏舒利經在嚴杵河定吉林海口交界

補記

改訂約十款

三月大學士北洋大臣李鴻章與彼使弋■■卜■■在天津定邊界通商章程十九條

■月內閣侍讀學士周德潤鴻臚寺卿鄧承修與彼官■■■在廣西定商務專條十界務專條四

此十條四條總押御門於襲押時又辯明三端

議專款三條

十三年

三月稅務司金登幹在彼都理斯波阿定會議節略四條戊子換約

道光二十二年在虎門定通商善後章程二十一條已廢

二十九年粵督徐廣縉與英使文翰在廣州定禁止入城之約亦廢

同治七年總理衙門與英駐華使阿禮國定新約十六款通商章程十款未換

又五月總理衙門與大西洋即葡萄芽定約五十三款未訂先是同治元年彼渙法國先容請立和約派薛煥崇厚會同辦理議約五十四款未定至是又略改再議另償以澳門礮臺道路之費百萬兩而以澳門仍歸中國專轄派日國人瑪斯往議未成

光緒八年八月北洋大臣督同津海關道周馥候選道馬建忠與朝鮮國陪臣趙甯夏金宏集魚允中在天津定商民水

陸貿易章程八條朝鮮乃屬國故不列表

光緒十四年慶郡王工部侍郎孫毓汶與大西洋來華使羅

■■換約十七款未見通行俟續表

又出使美國大臣張蔭桓在彼都修約尚未互換俟續表

江海口岸貿易表

康熙二十四年始開海禁荷蘭以佐平臺灣有功首請通市英吉利諸國繼之初以澳門爲逆旅而交易於廣州之黃埔往來於甯波之舟山海國圖志云二十四年疆臣奏設浙海江海閩海粵海關乾隆二十四年英商洪任輝訴粵關苛政於天津五十八年英使馬甘尼請推廣市埠於

朝駸駸乎有北向之志而請給海島一語遂張日後香港之本迨道光二十二年而五口通商之約成厥後踵事以增一見於咸豐之季戊午英約無淡水而法約有之又法約有江甯厥後丹日比義奧五約皆有再見於光緒之初於是乎江海通商凡十有九口而不設關不立市之區尚

不在此數如大通安慶武穴陸溪口沙市及吳淞口是又香港澳門埘近二關非通商口岸亦不數趨時尙者以通商爲大利狃往事者以通商爲大害二者各爲一說而皆未得其平夫增關稅通物產不可謂非利而交涉多則爭端易啟商賈集則民俗易漓利四三而害恆六七惟海國既以此爲當務之急其先有所要挾而姑爲允許其繼遂相援引而莫可謝絕則指地通商之舉夫亦天時人事之所迫而莫之能廢者歟排比爲表以與約章相表裏

江海口岸貿易表

類二

口岸	道光二十二年	二十七年
牛莊		
天津		
登州		
上海	允英吉利舊約二	允瑞典那威約三 約云五港外不得一船駛入別港
鎮江		
蕪湖		
九江		
漢口		
宜昌		
甯波	允英	允瑞那
温州		
福州	允英	允瑞那
厦門	允英	允瑞那
臺灣		
淡水		
潮州		
廣州	允英	允瑞那
瓊州		
北海		

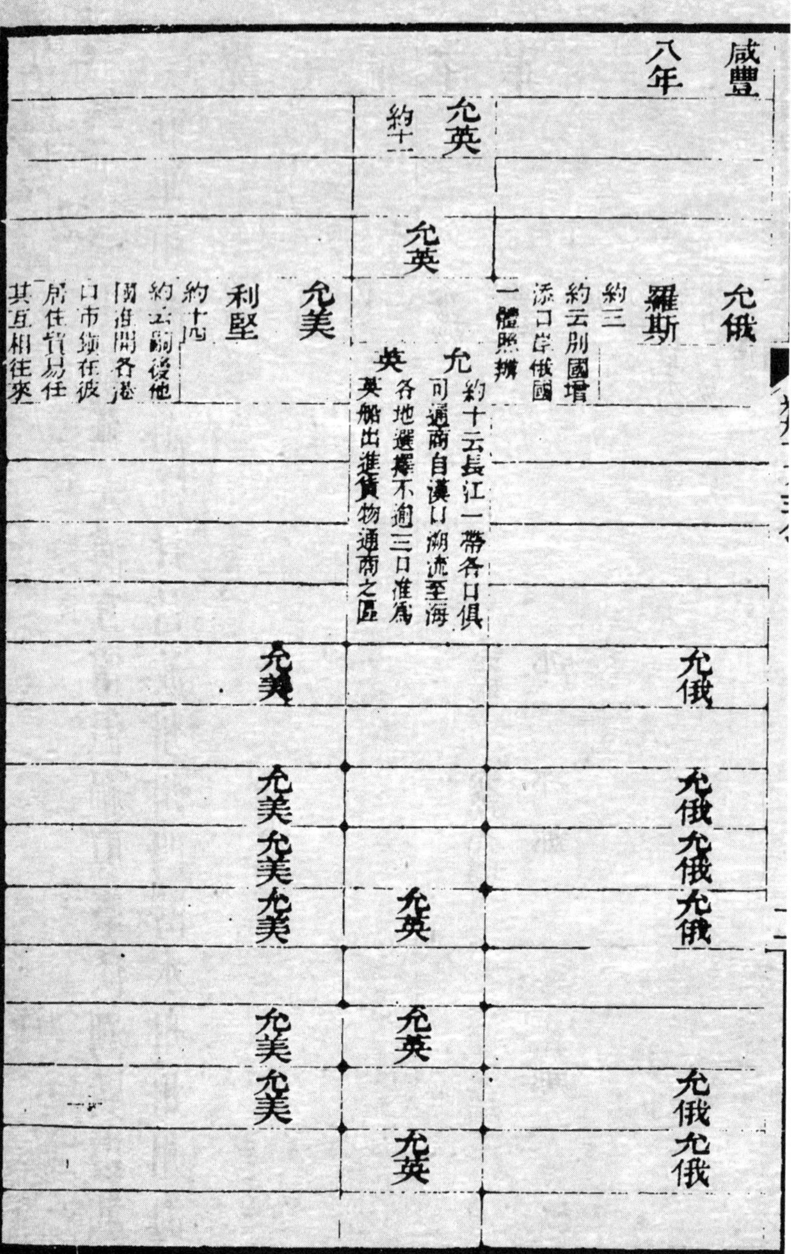

俄	英	美
咸豐八年		
	允英 約十二	
允俄羅斯 約三 約云別國增添口岸俄國一體照辦	允英 約十云長江一帶各口俱允可通商自漢口溯流至海各地選擇不逾三口准爲英英船出進貨物通商之區	允美利堅 約十四 約云嗣後他國准開各港口市鎮在彼居住貿易任其互相往來
允俄		允美
允俄		允美
允俄		允美
允俄	允英	允美
	允英	允美
允俄		允美
允俄	允英	

允法 蘭西約六
允法
江及寧元
十年
允英 續約四
允法 續約七
允法
允法 允法 允法 允法 允法 允法 允法
十一年
允德 意智郎布約約六
允德
允德 約作芝罘
允德
允德
允德
允德
允德
允德 允德 允德 允德 允德 允德 允德

同治二年	允丹麻 約十一	允丹	允丹 約作煙臺	允丹	允丹	又作江寧	允丹	允丹		允丹		允丹	允丹	允丹	允丹	允丹 約作汕頭	允丹	允丹	
	允荷蘭 約二	允荷	允荷	允荷	允荷		允荷	允荷		允荷		允荷	允荷	允荷	允荷	允荷	允荷	允荷	
三年	允日斯巴尼亞 約五	允日	允日 約作煙臺	允日	允日	又作江寧	允日	允日		允日		允日	允日	允日	允日	允日	允日	允日	
四年	允比利時 約十一	允比	允比	允比	允比	又作江寧	允比	允比		允比		允比	允比	允比	允比	允比	允比	允比	

五年允義大里約十一
允義 允義 允義 允義
衛江 允天
允義 允義
允義
允義 允義 允義 允義 允義 允義 允義

八年允奥斯馬加約八
允奥 允奥 允奥 允奥
衛江 允天
允奥 允奥
允奥
允奥 允奥 允奥 允奥 允奥 允奥 允奥

十年允日本約一
允日本 允日本 允日本 允日本
允日本 允日本
允日本
允日本 允日本 允日本 允日本 允日本 允日本 允日本

十三年允祕魯約八云祕國商船准在中國通商各口往來貿易

光緒
允英
允英
允英
允英

二年

煙臺條款三云大通安慶湖口武穴陸溪口沙市輸船准停泊上下客商貨物

約云重慶府可由英員駐寓查看英商事宜

允德

六年

允德

續約一云大通安慶湖口武穴陸溪口沙市已作爲上下客貨處外又江蘇吳淞口一處德國船暫准停泊上下客商貨物

允德

允德

允德

七年

允巴西

約五云巴國民人准赴中國通商各口往來運貨貿易

十四年

允大西洋

約十四云中國通商口岸均准大西洋人民居住貿易

陸路口岸貿易表

令甲俄羅斯通市之地凡三曰京師曰黑龍江曰恰克圖自乾隆二年停京師市易而恰克圖之市愈盛菊海謙河開羣焉縮轂駢闐殷阜黑龍江無遠至之商無居奇之貨僅通邊徼有無而已故乾隆朝三次閉關嚴大黃之禁下令新疆及沿海行省而艮維卓帳之地不及也咸豐以來俄人拓地漸廣貿易漸盛再申市約而烏蘇里松花二江與黑龍並列而三市埠遂著西北接壤尤袤霍尼邁拉呼卡倫屬嗒爾巴哈臺本有貿易之禁咸豐初肯請立市即嘉峪關通商之先聲蓋自康熙三十二年使臣道吐魯番入關已懷西路遄行之志矣顧中俄土壤相屬邊圉狎

至勢所必然緊英與法僻處海外將欲獻琛上國非輪帆不爲功然英侵緬甸以窺雲南之大理法據越南以叩廣西之龍州雲南之蒙自向之阻越重溟而猶稍隔絕者今則犬牙相錯天涯比鄰洋人堅忍凡所垂涎雖遲之數十百年必取償而後已耗資財撓師徒所不計也英據印度實逼西藏窺伺通商歷有年所彼願果償則市區之設周帀乎中國防閑之道水易而陸難事至而謀之與思患而豫防之固有間已表陸路貿易之地與前表相輔

陸路口岸貿易表 類三

	烏蘇里 黑龍江 松花江	恰克圖	塔爾巴哈臺	伊犂	喀什噶爾	烏魯木齊 天山南北	肅州 即嘉峪關	龍州	蒙自
康熙二十八年	俄黑龍江約六云一切行旅有准令往來文票者許其貿易								
雍正五年		俄恰克圖界約四云除兩國通商外有在交界處所零星貿易者在色楞額之恰克圖尼布楚之本地方擇好地建蓋房屋							

乾隆五十七年	咸豐元年	八年	十年
		俄愛琿約二云烏蘇里黑龍江松花江兩國所屬之人令其一同交易	
與俄定恰克圖市約五條			俄續約五云由恰克圖到京經過之庫倫張家口如有零星貨物亦准行銷
	與俄定伊犁塔爾巴哈通商章程十七條		
	見上		俄續約六云試行貿易喀什噶爾與伊犁塔爾巴哈臺一律辦理

同治元年	光緒元年	七年
俄通商章程二云俄商准往中國設官之蒙古各處及該官所屬之各盟貿易不設官之蒙古地方如欲前往貿易亦不攔阻		
		俄改訂約十二云准俄民
		俄改訂約十云准在肅州
	英煙臺條款一云滇省邊界與緬甸地方來往通商妥爲商議。又云英國派員在大理府或他處地方駐寓察看通商情形	

	十三年	
在烏魯木齊及天山南北兩路各城貿易		
吐魯番設領事其科布多烏里雅蘇臺哈密烏魯木齊古城五處俟商務興旺議添		
	續議法越商務專條十云廣西開龍州雲南開蒙自	
	見上 又云蠻耗係保勝至蒙自水道必由之處所以中國允開該處通商與蒙自無異	

使臣出洋分駐表

奉使絕域權輿炎劉然轍跡所經不踰西海唐之吐番宋之遼金則尤坿近邊關不逾萬里矧因事遣使蕆事遄歸從未有軺車四出徧履瀛環給符印辟僚屬計期受代如今日駐洋使臣者也康熙二十七年索額圖佟國綱馬喇使俄值喀爾喀與額魯特搆兵道阻不達逾年索額圖復往亦僅至尼布楚定約而還五十一年圖理琛奉

命撫綏土爾扈特部假道於俄非奉專使故但見噶噶林而不見其汗其齎

國書適異域謁其國君以通情好自同治六年志剛孫家穀及

美人蒲安臣始四年斌椿出洋乃游歷非出使故不數歷國十一美英法瑞丹和德俄比意日致聘而歸九年崇厚使法亦修好卽歸凡此皆通問之恆格而非常駐之新章常駐之制定於光緒初元維時內外臣民猶以講求洋務爲詬病奉使者又或不能洞達事理予人口實遂莫不謂損威辱命有害無益不知當今時勢有非史冊陳迹盡能比儗而得者平交涉之務聯中外之情以弭釁於無形惟使臣轉圜最易比者伊犂之舉俄交離矣賴有使臣復歸於好維持調護己驗昭然使臣三四駐國十餘分合交替箸之於編亦史表百官公卿之例

使臣出洋分駐表

類四

	光緒元年	二年	三年
俄羅斯			
德意智			劉錫鴻
義大里			
荷蘭			
奥斯馬加			
比利時			
英吉利	郭嵩燾 七月派充	郭 劉錫鴻 副○八月派充	郭
法蘭西			
美利堅	陳蘭彬 十一月派充 容閎 副	陳 容	陳
日斯巴尼亞	陳蘭彬 容閎 副	陳 容	陳
祕魯	陳蘭彬 容閎 副	陳 容	陳
日本		何如璋 十二月派充 張斯桂 副	何

年												
		三月派充							容	容	容	張
四年	崇　厚 五月派充	李鳳苞 七月派署					郭 曾紀澤 七月改派	郭嵩燾 正月兼充 曾紀澤 七月改派	陳 容	陳 容	陳 容	何 張
五年	邵友濂 九月派署	李鳳苞 閏三月派充					曾	曾	陳 容	陳 容	陳 容	何 張
六年	曾紀澤 正月兼充	李					曾	曾	陳 容	陳 容	陳 容	何 張
七年	曾 十一月再留三年	李	李 三月兼充	李鳳苞 三月兼充	李鳳苞 三月兼充		曾	曾	鄭藻如 七月改派	鄭藻如	鄭藻如	黎庶昌 三月改派

年												
八年	曾	李 三月再留一年	李	李	李		曾	曾	鄭	鄭	鄭	黎
九年	曾	李 三月再留一年	李	李	李		曾	曾	鄭	鄭	鄭	黎
十年	曾	許景澄 九月派充	許景澄	許景澄	許景澄		曾	許景澄	鄭 十二月再留半年	鄭	鄭	徐承祖 十一月派充
十一年	劉瑞芬 六月改派	許	許	許	許		劉瑞芬		張蔭桓 六月改派	張蔭桓	張蔭桓	徐
十二年	劉	許	許	許	許	許景澄 月兼充	劉	許	張	張	張	徐
十三	洪鈞	洪鈞	劉瑞芬	洪鈞	洪鈞	劉瑞芬	劉	劉	張	張	張	黎庶昌

年	十四	年
八月改派	洪	
	洪	
十月兼充	劉	
	洪	
	洪	
十月兼充	劉	
	劉	
	劉	
	張	
	張	
	張	
月重派	黎